汉字文化

陈杰　鄢小红◎主编

流沙河题

让每一个生命自由舒展

成都市泡桐树小学教育丛书

四川教育出版社

图书在版编目（CIP）数据

汉字文化/陈杰，鄢小红主编. —成都：四川教育出版社，2017.3
（成都市泡桐树小学教育丛书）
ISBN 978-7-5408-6690-7

Ⅰ.①汉…　Ⅱ.①陈…②鄢…　Ⅲ.①汉字—文化—小学—教学参考资料　Ⅳ.①G624.203

中国版本图书馆CIP数据核字（2017）第048300号

Hanzi Wenhua

汉字文化

陈杰　鄢小红　主编

责任编辑	樊佳林
装帧设计	毕　生　贾　玺
责任校对	喻小红
责任印制	徐　露
出版发行	四川教育出版社
	地　　址　成都市黄荆路13号
	邮政编码　610225
	网　　址　www.chuanjiaoshe.com
印　　刷	三河市明华印务有限公司
制　　作	四川胜翔数码印务设计有限公司
版　　次	2017年3月第1版
印　　次	2021年5月第3次印刷
成品规格	170mm×240mm
印　　张	6
书　　号	ISBN　978-7-5408-6690-7
定　　价	28.00元

如发现印装质量问题，请与本社联系调换。电话：（028）86259359
营销电话：（028）86259605　邮购电话：（028）86259605　编辑部电话：（028）86259381

用汉字把孩子和祖先连接起来

——流沙河老师访谈录（代序）

陈杰校长：沙河老师您好，我们知道您是文字研究泰斗，读您关于文字解读的著作，令我们感受到汉字的博大精深与生动有趣。这些年，我们学校开设了很多传统文化内容的校本课程，特别是鄢小红老师的汉字文化课取得了很好的效果。在实践中，我们发现一些孩子的识字量很大，但是觉得趣味性不够，鄢老师把汉字的起源、发展和演变以及汉字背后的一些有趣知识讲给孩子们听，孩子们特别喜欢这门课程。我们很想听听沙河老师您的看法。

鄢小红老师：沙河老师好！我在班上已经进行了三年多的汉字文化课程研发实验，我们在课上讲汉字的起源及发展变化，让孩子们知道汉字是怎么来的。孩子们上了这门课后，感觉汉字好有趣，还发现好多象形字和会意字的背后都是有故事的，他们一下子就觉得汉字变得生动起来。我每周坚持给孩子们上一次汉字课，现在已经编写好了《汉字文化》校本教材，请您看看。

沙河老师：我翻看了一下，就知道你们在做什么了。你们做了一件很了不起的事，这件事的意义在哪里呢？把孩子和祖先连接起来，把断掉了的文化链接起来。专门研究汉字的学科叫"小学"，我在川大的时候，那时候有专门的《说文解字》的课，是研究"小学"的，很多年都没有这门课了，不光是川大没有这门课，全国的大学里的这门课都停了。中华人民共和国成立后，曾经有一段时间提出要把汉字变成拼音。你们可以想象，当汉字都变成拼音后，中国要出现好多种拼音文字，这个地方的拼音换一个地方就都不懂了，因为中国的方言太多了。汉字就不会出现这种情况，别的方言我们听不懂，但写成文字就都看得懂了。所以，这个让汉字写成拼音的办法没有推行下去，反而产生了很多简化字。大学没有《说文解字》这个课程，造成了文字和文化的分裂，文化就断了。

　　"文字"分为"文"和"字"。什么叫"文"呢？不能拆的字叫"文"，比如牛、马、羊等字，你不能把它拆分开，一个字就是一个意思，叫"文"；能拆的字才叫"字"，比如"陈"，可以分成左包耳和东，左包耳的意思是山坡。我看到你们编写的教材里有"水"字，水的象形字中间为什么有一个弯？是因为水流得有快有慢，流得快的就是一条弧线，流得慢的中间就断了，靠两岸的流速慢，中间的快。

　　汉字是很有趣的。你们知道"有"这个字吗？什么是"有"呢？你看，"有"这个字的上部分表示一只手，下面一个"月"是指一块肉。我手里拿着一块肉，有吃的了，呵呵，就表示我"有"嘛。

　　我建议你们在教材里把汉字的小篆加进去，不光是要认，还要让娃娃写，他们会认，会写，才真的懂，我小的时候学汉字就是从认墙上的小篆开始的。

　　陈杰校长：感谢沙河老师，您给了我们很大的鼓励，也给了我们很多的指导，希望我们编写的这本《汉字文化》校本教材能够给更多的老师和孩子带去学习汉字的乐趣。再次感谢沙河老师！

流沙河

2017年2月

天府之国"小学"课程的一朵奇葩

——写在成都市泡桐树小学校本教材《汉字文化》出版之际

"小学"不是小学，小学里研究"小学"的人不多。成都市泡桐树小学（以下称简"泡小"）校本教材《汉字文化》出版之际，邀我写一段话。我欣然提笔。

汉字小世界，朗朗大乾坤。感谢一个名叫仓颉的人，观天地万物，悟人间沧桑，得生存真理，抚万物于一瞬，近取诸身，远取诸物。先民造字，日用伦常、山川草木、鸟兽昆虫、王制礼仪，莫不周载；古人的生存智慧、社会意识、审美情趣、文化心理等都深深地熔铸在这一个个汉字之中。

汉字是音形义的统一体，音悦耳，形优美，义丰盈，承载着中华民族的精气神。

君不见，巍峨高山，其势伟岸纵横。"山"字象形，其上有"丘"，乃为"岳"，连绵起伏、高大威猛之山峦，五岳即王者巡视所到之地；继而为姓，"壮志饥餐胡虏肉"，壮怀激烈，精忠报国，民族英雄岳飞感天泣地的呐喊，谁与争锋？再看那万涓成水，"水"字象形，笔画蜿蜒。水乃万物之灵，后人附会生情，静水深流，柔情惆怅，就连李后主居险境喟叹"问君能有几多愁，恰似一江春水向东流"，格外令人怜惜。

不夸张地说，每一个汉字都是中国先民思维与创造、心血与智慧的结晶。象形，是形象思维发挥至极致后的大抽象；指事、会意、形声是形象思维与抽象思维的完美融合；就算假借造字有那么一丁点的"无奈"，也是智慧选择的必然结果。汉字和每一个人息息相关，就是终身跟随自己的姓名，其中也蕴含着太多的历史、地理、人文。

成都市泡桐树小学"低段群文阅读识字教学研究"，吸纳群文阅读先进理论成果，并在我省井研县字族文研究成果的基础上进行了衍生和拓展。汉字文化课程是群文阅读背景下的主题识字课程，即以部首字作为主题，以群文带出一组或几组与这个部首相关联的汉字，形成主题识字教学，引领学生在"文"和"字"之间来回穿梭。多次欣赏泡小鄢小红老师执教的《龙》《衣》等课例，由衷感佩："泡小之群文阅读背景下低段识字教学有效策略研究，传承了中华汉字文化，发展了字理识字、字族归类的教研成果。期待系统研发，促进共享，尽情彰显本土课改创造的勇气和智慧……"

系统研发，凤兴夜寐，便有了校本教材《汉字文化》。

该教材精心遴选"人""目"等24个部首字，从字形、字源、字义入手，以字为媒，巧设议题，将诗词歌赋、逸闻趣事等经典文本进行编组，立论庄重，资料摄取方正，编组精致，言简意赅，富含深意，不失为绽放在天府之国的"小学"教研领域里的一朵奇葩。

需要在这里插叙几句，泡小的汉字文化课程团队和北京教育学院吕俐敏教授的立人字课团队进行了切磋，极大地开拓了四川小学语文教师的视野。俐敏教授身先士卒，孜孜不倦，醉在其中，挥洒满腔矢志不渝的教育赤诚，传承五千年中华汉字文明，学者的治学风范极大地感染和鼓励了一线教研的教师。属于汉字文化研究的迷人画卷，正在徐徐展开……

我曾担心鄢老师一个人研究太过孤独，后来释然了——在泡小静雅的校园里，有一群挚爱教育的人。陈杰校长就是汉字文化校本课程的全力支持者和引领者，陈铁军副校长是情牵课堂的语文教育追梦者，彭英、任丽颖、吴艳芳、冯涛、蔡胜、舒楠……一群最可爱的泡小语文老师，生机勃勃，充满着诗意和创造力，在泡小的沃土上精耕细作，继往开来！

是为序，春暖花开！

四川省教育科学研究所　刘晓军

2017年2月

目录
CONTENTS

参考文献

第一单元 人（一）

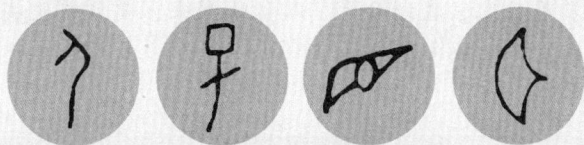

人，天地之性最贵者也。
　　　　——《说文解字》

　　"人"是象形字。甲骨文的"人"字就像一个面朝左站立着的人，上端是头，向左下方伸展的一撇是手臂，中间是身子，身子以下是腿。"人，天地之性最贵者也"这句话出自《说文解字》，意思是说人是天地万物间最高贵的生物。

　　人是有思想、有智慧的高等动物。随着社会的进步，人类对自身的要求越来越高。人们给象形字"人"赋予了丰富的含义，比如人们认为："人"字的一撇代表知识，而一捺代表人品，一个完美的人既要有丰富的知识，也要有高尚的人品。目前，人是地球的统治者，千百年来，人类不断审视自己、发展自己，直到今天"人从哪里来，要到哪里去""如何认识你自己"仍然是人类思考的问题。

字源字义

甲骨文	金文	小篆	楷体

造字本义　人：天地间品性最高贵的生物。字形像垂着手臂、挺着腿胫的形象。

汉字家族

昜 爾 众　本义：蓝天红日之下一起劳动的百姓。

比　本义：亲密，两个人字相随为"从"，把"从"字反过来就成了"比"。

北　本义：是"背"的本字。两人相背，背对背，也指相逆反，相违背。后来假借为"北方"，另外造了"背"字。

化　本义：像二人相倒背的样子，一正一反，表示变化。

保　本义：养护幼儿。

趣味解字

北　　甲骨文的"北"字像两个人朝相反方向站立着，这个字的本义是两人背靠着背，也表示相逆反，相违背。那为什么现在"北"字表示北方呢？那是因为古代天子上朝时面朝南方，因此称后背所朝的方向为"北"。古时候人们在打仗时，吃了败仗也会转身向相反的方向逃跑，所以人们用"败北"表示失败的意思。

众　　甲骨文的"众"字表示一群人在太阳底下一起劳作。字形是在"从"字上方加了一个"日"。人喜欢群居，很多人团结起来，力量比一个人大得多。"众人拾柴火焰高"说的就是这个道理。像"三人成众"这种造字结构的汉字还有很多，比如：森、品、晶……小朋友，你还知道有哪些字呢？

注：在本书中"汉字家族""趣味解字"里每一个汉字的第一个字体为甲骨文或金文，第二个字体为小篆，第三个字体为楷体。

女娲造人

传说远古时代，女娲在原野上行走，她放眼四望，山岭起伏，江河奔流，丛林茂密，草木争荣；天上百鸟飞鸣，地上群兽奔驰，水中鱼儿嬉戏，草中虫豸（zhì）跳跃。这世界按说也相当美丽了，但是女娲总觉得有一种说不出的寂寞，越看越烦，孤寂感越来越强烈。

女娲在池边挖了些泥土，和上水，照着自己的影子捏了起来，捏着捏着，捏成了一个小小的东西，有五官七窍、双手两脚。捏好后往地上一放，居然活了起来。女娲一见，满心欢喜，接着又捏了许多，她把这些小东西叫作"人"。他们在女娲身旁欢呼雀跃了一阵，慢慢走散了！

女娲那寂寞的心一下子热乎起来，她想把世界变得热热闹闹，让世界到处都有她亲手造出来的人，于是不停工作，捏了一个又一个。但是世界毕竟太大了，她工作了很久，双手都捏得麻木了，捏出的小人分布在大地上仍然太稀少。她想了想，顺手折下一条藤蔓，放入泥浆，然后举起挥洒，溅落的点点泥浆变成一个个小人。女娲见新方法奏了效，越洒越起劲，大地就到处有了人。

俗说开天辟地，未有人民，女娲抟（tuán）黄土做人。剧务，力不暇供，乃引绳于泥中，举以为人。故富贵者，黄土人；贫贱者，引绳人也。

——选自《风俗通》

汉字行走

三字经（节选）

人之初，性本善。性相近，习相远。
苟不教，性乃迁。教之道，贵以专。

短歌行（节选）

［东汉］曹操

对酒当歌，人生几何！譬如朝露，去日苦多。
慨当以慷，忧思难忘。何以解忧？唯有杜康。

子

　　"子"的甲骨文，像婴儿的样子，有头、身、臂膀，两足并起来。"子"的本义是婴儿。

　　古代把儿子和女儿都统称为子。"子"还有幼小的意思，例如植物的果实称为种子，鱼产的卵叫鱼子；"子"还表示小而硬的颗粒状的东西，比如"子弹、棋子儿"；只要是人，都可以称呼为"子"，例如男子、妻子、士子（指读书人）、舟子（船夫）、才子……

　　古时候称呼有道德、有学问的人也用上了"子"，表示尊称，例如孔子、孟子、老子等。小朋友，你知道孔子、孟子、老子是谁吗？

甲骨文　　　金文　　　小篆　　　楷体

造字本义　子：本义是"幼儿"，象形。

汉字家族

孙　本义：儿子的儿子叫孙子。"系"表示后代连续不断。

包　本义："巳"（指胎儿）在人的腹中，像胎儿尚未成形的样子。"包"是"胞"的本字。

学　本义：觉悟。字形采用"教、冖"会意。

孝　本义：善于侍奉父母长辈。采用省略了"匕"的"老"字和"子"字会意，表示"子承老"的意思。

乳　本义：母亲给饥饿的幼儿喂奶。妇女生育子女及鸟孵化雏鸟叫"乳"。

趣味解字

包　　"包"字是一个会意字，里面弯曲的线条表示还没有发育完全的胎儿，蜷缩在妈妈的肚子里，"包"的本义是指腹中胎儿。

"乳"字是一个会意字，里面有一个"子"字。从甲骨文图片上看，一位妈妈正弓着腰，把小婴儿抱在怀中，双手托着婴儿哺乳。后来，妈妈抱着婴儿的手简化为爪字头，俯身跪着的身子简化为竖弯钩。

"学"字是一个会意字。小篆的"学"字，上面有表示"手"的符号，是"手把手教"的含义。中间的"爻"在古时候表示用阴阳的组合变化进行推测、计算，宝盖头是房舍的含义，孩子正坐在房舍里学习。古时候不是每一个小孩子都有学习的机会，一些家境好的孩子才可以读书。

汉字故事

梅妻鹤子

宋代有一个诗人叫林逋（bū），晚年隐居在杭州西湖的小孤山。他在山上种了三百六十五棵梅树，待到梅子熟时，就有成群小贩前来买他的梅子。他准备了三百六十五个竹筒，把每棵树上的梅子卖下的钱分别装入竹筒里，一天用一竹筒梅子的钱过生活，绝不多用一文。

他还养了两只白鹤。客人来了，他打个忽哨，白鹤立刻飞来，立在跟前，他把钱和纸条装在一只袋子里，挂到白鹤的脖子上，让白鹤飞往市里买鱼肉酒菜。那些商贩只要见到白鹤飞来，就知道林逋先生家来了客人，他们按纸条所开货物收钱付货，交给白鹤带回去。

种梅养鹤成了林逋最大的兴趣爱好，他不娶妻生子，人们就称他有"梅妻鹤子"。

林逋隐居杭州孤山，常畜两鹤，纵之则飞入云霄，盘旋久之，复入笼中。逋常泛小艇，游西湖诸寺。有客至逋所居，则一童子出应门，延客坐，为开笼纵鹤。良久，逋必棹小船而归。盖尝以鹤飞为验也。

——选自宋·沈括《梦溪笔谈》

汉字行走

诗经·国风·郑风·子衿

青青子衿，悠悠我心。纵我不往，子宁不嗣音？

青青子佩，悠悠我思。纵我不往，子宁不来？

挑兮达兮，在城阙兮。一日不见，如三月兮。

目

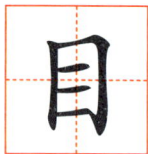

"目"字的本义指人的眼睛。我们的祖先最开始用图画描绘眼睛的时候，画了一只眼睛的样子。长条形的眼眶，再画上中间黑色的瞳孔，一个"目"的象形字就诞生了。刚开始"目"字是横着的，就像人的眼睛一样，后来象形字慢慢演变成了楷书的"目"，样子就竖起来了，但还是保留了眼眶的长条形，中间的瞳孔用两横来表示。

眼睛，像夜晚的一颗颗星星，闪闪烁烁。眼睛是人身体上最美的地方之一，因为有了眼睛，才看得见丰富多彩的世界；因为有了眼睛，人们才会神采飞扬，甚至有"眼睛会说话"的说法。丰富的眼神，表达不同的情绪，传递内心情感。眼睛是神奇的，"顾盼生辉""眉目传情""目光炯炯"都描绘了丰富的眼神。

甲骨文

金文

小篆

楷体

造字本义 目：人眼，象形。

眉　本义：眉，眼睛上部的毛发。

直　本义：目光直射，表示眼睛的视线是直的。正直的人敢于正视别人，所以又为"正直"的"直"。

臣　本义：俯首往下看，屈服听命。古时指奴隶，引申为臣民。

监　本义：俯视，从水盆中照看自己的面影。远古时代盛水为镜，后来这个意义写成了"鉴"。

夕 臣 臣

"臣"的甲骨文和"目"的画法基本一样，只是竖着的，表示人低着头，不敢正视时眼睛的样子。远古时代，地位低下的奴隶，是不能抬头直视奴隶主的，祖先造了这个字，并称为"臣"，后来引申为臣民。古时，"臣"比"民"的地位要高一些。地位最低下的是"民"，有一种说法认为"民"指眼睛被刺瞎了的奴隶，大部分是被俘（fú）虏（lǔ）的人，"民"就属于奴隶主的私有财产了。

球 鹽 监

"监"字是一个会意字，下面的"皿"表示盛水的器物，上边由"臣"和"人"组成，意思是"一个人端着水盆，睁着眼睛，照着水面看自己的面容"。楷书的"监"是简化后的写法。"监视""监管""监狱"是不是都有"看"的意思啊！后来，对着水面照的意思由"鉴"字代替了。

士别三日，当刮目相看

东汉末年著名将领吕蒙不喜欢读书，孙权对他和另一个勇将蒋钦说："你们现在都处在重要的职位，掌管国事，应当多读书，使自己不断进步。"吕蒙推托说："军营中的事情太多了，哎，实在没时间再读书了。"孙权耐心地引导他们说："我难道要你们去做钻研经书的博士吗？只不过叫你们看看书，了解历史往事，增加见识罢了。你们谁的事务能有我的多呢？我年轻时就读过很多书，又仔细研究了历史及各家的兵法，觉得自己有很大的收益。像你们两人这样聪明，学习一定会有收获，怎么可以不读书呢？"听了孙权的教导，吕蒙从此开始学习，勤奋读书，他所看过的书籍，连那些老儒生也赶不上。

另一位名将鲁肃掌管吴军后，一次吕蒙摆酒款待他，鲁肃还以老眼光看人，觉得不读书的吕蒙有勇无谋。在酒宴上，两人纵论天下大事时，吕蒙侃侃而谈，说起看法来头头是道，让鲁肃非常震惊。酒宴过后，鲁肃感叹道："我一向认为老弟只懂打仗，可是今天我才知道你学识出众，的确不是以前那个吕蒙了。"吕蒙道："士别三日，当刮目相看。老兄今日去担任统帅，我还有一些建议说给你听。"吕蒙为鲁肃筹划了三个方案，鲁肃非常感激地接受了。

初，权谓吕蒙曰："卿今当涂掌事，不可不学！"蒙辞以军中多务。权曰："孤岂欲卿治经为博士邪！但当涉猎，见往事耳。卿言多务，孰若孤？孤常读书，自以为大有所益。"蒙乃始就学。及鲁肃过寻阳，与蒙论议，大惊曰："卿今者才略，非复吴下阿蒙！"蒙曰："士别三日，即更刮目相待，大兄何见事之晚乎！"肃遂拜蒙母，结友而别。

——选自晋·陈寿《三国志·吴志·吕蒙传》

汉字行走

诗经·国风·卫风·硕人（节选）
手如柔荑，肤如凝脂，领如蝤（qiú）蛴（qí），齿如瓠（hù）犀，
螓（qín）首蛾眉，巧笑倩兮，美目盼兮。

题西林壁
[宋] 苏轼
横看成岭侧成峰，远近高低各不同。
不识庐山真面目，只缘身在此山中。

甲骨文的"耳"字像是被切下的蘑菇状的耳朵外廓，表示人耳。人的一双耳朵，里面构造复杂，是用来聆听这个世界的声音的。

人有七窍，耳朵算是两窍。"窍"就是"洞"的意思，因为耳朵有耳洞连接内耳与外耳，耳朵是人体很重要的器官。除了耳朵本身要能够听到声音之外，我们还要养成倾听的能力和习惯。有的人耳朵健康，可不一定会倾听，不会倾听的人没有耐心听别人讲话，这样的人不受人喜欢。"耳聪目明"说的是一个人很健康，听觉和视觉都非常好，有"聪明"的含义在里面。古文中的"耳"假借为语气助词，意思是"而已"，如"不过如此耳"。

字源字义

甲骨文　　金文　　小篆　　楷体

造字本义 耳：主听也，象形。字形像耳郭形状。

汉字家族

本义：捕杀。字形采用"又、耳"会意。《周礼》上说："获者取左耳。"

声　本义：乐音。

聋　本义：没有听力。字形采用"耳"作偏旁，"龙"作声旁。

聪　本义：耳听八方，听而能悟。

闻　本义：注意力集中地倾听。甲骨文的"闻"字像一个跪着的人，用手掩口，在专注地听什么声音。

趣味解字

取　"取"字是一个会意字，左边"耳"，右边"又"，"又"的意思是"手"，合起来就是用手取下耳朵。古时候，部落之间经常发生小规模的战争，战胜的一方士兵需要割下死敌的耳朵，以耳朵的数量来证明自己的战绩。

声　"声"字的甲骨文里，一只小手拿着小锤敲击古时候的乐器，一张嘴巴在唱着歌，中间的"耳"字被包围，表示在听这些动听的乐音。"声"字的小篆里都还保留着"耳"，这个字的确有些复杂，后来干脆简化了大部分，成了现在的"声"字。

汉字故事

掩耳盗铃

春秋时候，晋国世家赵氏灭掉了范氏。有一个人趁机跑到范氏家里想偷点东西。院子里吊着一口造型和图案都很精美的大钟，小偷想把这口大钟背回自己家去。可是钟又大又重，怎么也挪不动。他想来想去，只有一个办法，那就是把钟敲碎，然后再分别搬回家。

小偷找来一把大锤子，拼命朝钟砸去，"咣"的一声巨响，把他吓了一大跳。小偷慌了，心想这下糟了，这钟声不就等于是告诉人们我正在这里偷钟吗？他心里一急，身子一下子扑到了钟上，张开双臂想捂住钟声，可钟声又怎么捂得住呢？依然悠悠地传向远方。他不由自主地抽回双手，使劲捂住自己的耳朵。"咦，钟声变小了，听不见了！"小偷立刻找来两个布团，把耳朵塞住，心想，这下谁也听不见钟声了。于是就放手砸起钟来，一下一下，响亮的钟声传到很远的地方。人们听到钟声蜂拥而至，把小偷捉住了。

范氏之亡也，百姓有得钟者。欲负而走，则钟大不可负。以椎（chuí）毁之，钟况然有音。恐人闻之而夺己也，遽（jù）掩其耳。恶人闻之，可也，恶己自闻之，悖（bèi）矣。

——选自《吕氏春秋·自知》

汉字行走

陋室铭

[唐] 刘禹锡

山不在高，有仙则名。水不在深，有龙则灵。斯是陋室，惟吾德馨。苔痕上阶绿，草色入帘青。谈笑有鸿儒，往来无白丁。可以调素琴，阅金经。无丝竹之乱耳，无案牍之劳形。南阳诸葛庐，西蜀子云亭。孔子云：何陋之有？

仓颉造字

汉字是怎样诞生的呢？至今人
们都认为这是一件非常神秘的事。
相传仓颉在黄帝手下当史官，黄帝
分派他专门管理牲口和食物。仓颉
很聪明，做事又尽力尽心，很快
熟悉了所管的牲口和食物。可慢
慢地，牲口、食物的储藏在逐渐增
加、变化，光凭脑袋记不住了。

仓颉像

一天，他参加集体狩猎，走到
一个三岔路口时，几个老人为往哪条路走争辩起来。一个老人
坚持说东边有羚羊，一个老人说前面可以追到鹿群，一个老人
说西边有两只老虎。原来他们都是根据地下野兽的脚印来判断
的。仓颉心中猛然一喜：既然一个脚印代表一种野兽，我为什
么不能用一种符号来表示我所管的东西呢？他高兴地拔腿奔回
家，开始创造各种符号来表示事物。渐渐地，这些符号形成了
文字。

第二单元 人（二）

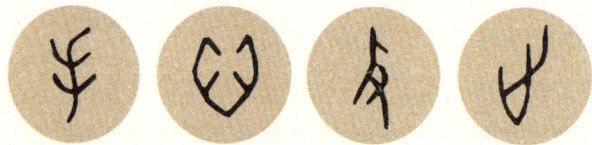

惟人之万物之灵。
——《尚书》

手

"手"字的金文字形像张开的五指。《说文解字》说："手，可以握成拳。"手是人体的重要部分，人们用双手劳动，创造财富，如果一个人没有手，做事行动都很不方便。

因为手很重要，所以人们把"兄弟"也称为"手足"。如果一个人给你说"我和他情同手足"，意思是说他们的关系很要好，就像兄弟一样。与手有关的字大多有提手旁，还有些部首也与手有关，它们是：爫、攵、寸，看来"手"字家族很庞大哦！

字源字义

金文

小篆

楷体

造字本义 手：拳也。象形。

汉字家族

又 本义：手。像手抓握的形状。

寸 本义：由手掌后退一寸，动脉跳动的位置，叫作"寸口"。

友 本义：两人结交，协力互助，志趣相投叫作"友"。

受　本义：相互交托。

采　本义：捋（luō）叶子、摘果子。字形采用"木、爪"会意。

承　本义：捧着。从人从双手、奉也。受也。

友　"又"是"友"字的形旁，也是声旁。"友"字是由两只手组成的，两只手放在一起，表示握手、友好的意思。古时候，人们相互交往，互帮互助，明白了和朋友合作做事效果更好的道理。

采　"采"字的甲骨文，表示的意思是用手采集树上的果子，非常形象。后来，"采"的上部分的手变成了爪字头，下部分变成了木。"采"是一个典型的会意字。

顾炎武手不释卷

"手不释卷"用来形容一个人好学、手不离开书本。明代思想家顾炎武，只要他外出旅行，都随身用二匹马三头骡子装书。到了险要的地方，就向退休的差役询问这里的详细情况，有的时候发现与平时听说的不一样，就在附近街市中的客店打开书进行核对校正。有时走过平原旷野，没有什么值得留意的，就在马背上默读各种经典著作的注解疏证；偶然有忘记的，就在附近街市中的客店打开书，仔细认真地查看。

凡先生之游，以二马三骡载书自随。所至厄（è）塞，即呼老兵退
辛询其曲折；或与平日所闻不合，则即坊肆中发书而对勘之。或径行平
原大野，无足留意，则于鞍上默诵诸经注疏；偶有遗忘，则即坊肆中发
书而熟复之。

——选自《亭林先生神道表》

汉字行走

诗经·国风·邶风·击鼓（节选）
死生契阔，与子成说。执子之手，与子偕老。

春山夜月
［唐］于良史

春山多胜事，赏玩夜忘归。掬水月在手，弄花香满衣。
兴来无远近，欲去惜芳菲。南望鸣钟处，楼台深翠微。

心

"心"的象形字就像一颗心的样子。人的心脏，藏在身
躯的中央位置，就像一朵花苞。

心是身体非常重要的器官，心脏跳动有节奏，有力量，
那生命就非常鲜活，如果心脏停止了跳动，就意味着生命的终止。心是

有感觉的，当一个人激动的时候，会感觉到心跳加速，紧张的时候仿佛听得见"咚咚咚"的跳动声，难过的时候会感觉心痛。我们要控制自己的情绪，保护好脆弱的心脏。人们用"心地善良，宅心仁厚"形容人心的美好，也用"没心没肺"形容一个人想法单纯，没什么心眼。

与心相关的字，大都采用"心"作部首，有些字的部首是心字底，有的部首变成了竖心旁。

字源字义

| 甲骨文 | 金文 | 小篆 | 楷体 |

造字本义 心：人的心脏，藏在身躯的中央位置。象形。

汉字家族

 思 本义：容也。从心，囟声。（思想）包容（万物）。

 闷 本义：懑也。从心，门声。烦闷。

 慧 本义：儇（xuān）也。从心，彗声。聪明。

 慈 本义：爱也。从心，兹声。（上对下的）慈爱。

趣味解字

慧　　　"慧"字是由"彗"和"心"组成。"彗"字的本义是用一种细枝茂盛的干草扎成的扫帚；"丰"表示茂盛的草，两个丰排在一起，表示扫帚是有枝丫的干草扎成的。"慧"就是用扫帚打扫自己的心，让自己的心灵不要蒙上灰尘，保持洁净。心中没有烦恼，这就是慧心，也是人生的大智慧。

思　　　小篆的"思"字上部分是"囟（xìn）"，指囟门，是婴儿头顶骨未合缝的地方，也称为"囟脑门儿""顶门儿"。小时候，我们用手摸摸头顶，会发现这个地方有点凹陷下去，还软软的。在"囟"下面画一个"心"，表示的意思就是用大脑来想问题了。

汉字故事

比干剖心

比干是商朝重臣，也是一个贤人。传说他有七窍玲珑心，是一颗天生有七个洞的珍奇心脏。

商纣王非常残暴，整天贪图享乐，不好好治理国家。比干是纣王的叔叔，尽心辅佐纣王，他勇敢地向纣王提出批评和建议。这让纣王颜面扫地，十分愤怒，想剖开比干的心，看看到底是不是传说中的七窍玲珑心。纣王将剑往比干的脐中刺入，神奇的是并不流血。比干将手伸入腹内，摘心而出。比干没有了心，面似土色，骑马朝着南边奔驰而去。他听说有个地方叫心地，去那里就会长出心来。当他走到荒郊野外，遇上一老妇人在叫卖"没心菜"。

比干问："菜没心能活，人没心又会怎么样呢？"

老妇说："菜没心能活，人没心就会死！"

比干听后，长叹一声，口吐鲜血，坠马而死。忽然，天昏地暗，狂风大作，飞沙走石，泥土和石块将比干的尸体埋成了一座墓，后来被人们称为"天葬墓"。直到今天，每到绿叶返青之时，比干的坟墓上都会长满三片叶的没心菜，传说这种没心菜，是比干的七窍丹心化成的。

纣愈淫乱不止。微子数谏不听，乃与大师、少师谋，遂去。比干曰："为人臣者，不得不以死争。"乃强谏纣。纣怒曰："吾闻圣人心有七窍。"剖比干，观其心。箕子惧，乃详狂为奴，纣又囚之。

——选自司马迁《史记·殷本纪》

汉字行走

诗经·小雅·鹿鸣之什·采薇（节选）
昔我往矣，杨柳依依。今我来思，雨雪霏霏。
行道迟迟，载渴载饥。我心伤悲，莫知我哀。

攵

"攵"的本字是"攴"，是一个汉字，读"pū"，现在被我们通常称为反文旁。这个字的意思与手上的动作有关，是由

22

"攴"变化而来的，"敲"字中就有"攴"字。"攵""攴"的本义是敲打，鞭打。仔细看，"攴"的下部分是"又"，"又"的本义是手，上部分指举着的鞭子之类的东西。"攴"的意思就是手举着鞭子在敲打。

带有"攵"的字有"牧""放""败""数""攻"等等，它们的意思是不是都与手上的动作有关呢？

字源字义

甲骨文　　小篆　　楷体

造字本义 攵（攴）：小击也。从又，卜声。

汉字家族

牧 本义：饲养牛的人。字形采用"攴、牛"会意。

放 本义：驱逐。

败 本义：毁坏。字形采用"攴、贝"会意。

攻 本义：武力打击。

教 本义：在上的操作，在下的效仿。

政 本义：以强力施行正义。字形采用"攴、正"会意，"正"也是声旁。

執 斅 教　"教"字的小篆左上面的"爻（yáo）"表示算筹，有学习的含义，左下边是个"子"，右边是"攵"，合起来的意思就是教小孩子学习，这是一个会意字。以前的先生教导孩子时，有时会拿着一根棍子，后来叫戒尺，可以想象以前的老师有多么严厉了吧。

放 㪒 放　"放"字左边的"方"字表示人的头顶加一横，意思是将罪犯的头发剃光，并在脸上烙印或刺字。"放"的本义是在罪犯脸上烙印或刺字，将其驱逐到生活条件恶劣的远疆地区。

教子有方

窦燕山是五代时期人，本名叫窦禹钧，他家住蓟（jì）州渔阳。渔阳地处燕山一带，因此后人称他为窦燕山。

窦家有一个仆人盗用了主人的钱，他担心被人发觉后受罚，就写了一张债券系在十二三岁的女儿胳膊上，债券上写着："永卖此女，偿所负钱。"从此远逃他乡。窦燕山知道这件事之后，看到小女孩身上的债券，心里很哀伤，他可怜这个孤苦无依的孩子，马上把债券烧掉并收养了她。

窦燕山生了五个儿子。他以身作则，治家非常严格，窦氏家规上说："家庭之礼，俨如君臣；内外之礼，俨如宫禁。男务耕读，女勤织纺。和睦雍熙，孝顺满门。"严格的家教培养出孩子们杰出的品德和才能，窦家五子都考中了进士，被称为"五子登科"。从此以后，"五子登科"成为天下父母对儿女的殷殷期望。

窦燕山，有义方。教五子，名俱扬。

——选自《三字经》

汉字行走

三字经（节选）

昔孟母，择邻处。子不学，断机杼。

窦燕山，有义方。教五子，名俱扬。

养不教，父之过。教不严，师之惰。

子不学，非所宜。幼不学，老何为？

止

《象形字典》上说："止"是"趾"的本字，甲骨文的"止"是象形字，是一幅脚掌剪影，像脚趾头张开的脚掌形状，以三趾代替五趾，所以"止"的本义是"脚"。

"千里之行，始于足下""读万卷书，行万里路"都讲到了行走。与足有关的字，大部分与"止"有关。现在，"止"的意思更多表示"停止"，停下脚步，引申为"停止"的意思。而后来人们造了一个形声字，在"止"旁加上一个足字旁称为"趾"，用"趾"来代替"止"的本义。

甲骨文　　　金文　　　小篆　　　楷体

造字本义　止：底部的基础。像草木长出地面有根茎的基址一样，所以古人用"止"表示"足"。

止：脚。后作"趾"。

足　本义：人的下肢，在人体的下部。

步　本义：行走。相随者，脚步跟随的样子。

奔　本义：逃跑。

走　本义：小跑。表示小跑时人必须收腹弯腰屈背。

楚　本义：穿行于荆棘丛生的林莽之中。

正　本义：纠正。字形采用"止"作字根，指事符号"一"表示阻止错误。

大 走 走　　"走"字的意思是小跑。字形采用"夭、止"会意。表示小跑时人必须收腹弯腰。"夭"像一个人挥舞双臂，"止"指脚，表示摆臂奔跑。隶书误将篆文的"夭"写成"土"。极速飞跑为"奔"，挥臂小跑为"走"。所以在古文中"走"的意思是"跑"，例如："儿童急走追黄蝶，飞入菜花无处寻。"描绘的就是一个孩子奔跑追逐蝴蝶的情景。

𠙻 正 正　　"正"字很有意思，这个字的造字原理是"指事造字法"。一横加一个止，头顶上的一横表示阻止，停止错误，这就是"正"的意思。

望梅止渴

　　东汉末年，曹操带兵去攻打张绣，一路行军，走得非常辛苦。时值盛夏，太阳火辣辣地挂在空中，大地都快被烤焦了。曹操的军队已经走了很多天了，十分疲乏，又渴又累。这一路上又都是荒山野岭，没有人烟，方圆数十里都没有水源。头顶烈日，战士们一个个被晒得头昏眼花，大汗淋淋，可是又找不到水喝，许多人的嘴唇都干裂得不成样子，鲜血直淌。每走几里路，就有人中暑倒下。

　　曹操突然灵机一动，他站在山冈上，抽出令旗指向前方，大声喊道："前面不远的地方有一大片梅林，结满了又大又酸又甜的梅子，大家再坚持一下，走到那里吃到梅子就能解渴了！"战士们听了曹操的话，想起梅子的酸味，就好像真的吃到了梅子一样，口里顿时生出了不少口水，精神也振作起来，鼓足力气加紧向前赶去。就这样，曹操终于率领军队走到了有水的地方。

> 魏武行役，失汲道，军皆渴，乃令曰："前有大梅林，饶子，甘酸，可以解渴。"士卒闻之，口皆出水，乘此得及前源。
>
> ——选自刘义庆《世说新语》

汉字行走

诗经·小雅·桑扈之什·车辖（xiá）（节选）
高山仰止，景行（háng）行（xíng）止。

书画同源

距今六七千年前新石器时代，画在陶器上的图画，如鱼、蛙、鹿、鸟、花叶、舞蹈等，是中国最早的绘画作品。最早的象形文字，也是用线条画成的一幅幅小画，后来才演变为现在使用的汉字。正因为绘画和写字都用同样的工具，并且都是以线条为主，所以有"书画同源"的说法。新石器时代陶器上

半坡遗址出土陶片上的符号

的"原始文字"，虽然还不能确认它们具体是什么含义，但已具有一种"标记"和"表号"的性质，被认为是汉字的最早雏形。西安半坡遗址出土的仰韶文化彩陶盆上和晚商青铜器上的鱼形图案，形态逼真，栩栩如生，把它们和古汉字的"鱼"相比较，相似的程度足以让人们相信汉字是从原始图画演变而来的。

第二单元 牲畜

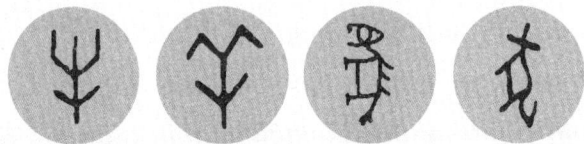

马牛羊，鸡犬豕，此六畜，人所饲。
——《三字经》

牛

甲骨文的"牛"字像牛头部的线描，突出了鼻孔在鼻尖上形成"V"字形状以及向两侧弧形伸出的一对尖角。"牛"在做部首时写成"牜"。

牛是哺乳动物，趾端有蹄，头上长一对角，力量很大，能耕田拉车；肉和奶是很好的食物；角、皮、骨可作器物，是远古人类大量养殖的家畜。在中国古代传说中，地上的一切都是神牛下凡造成的，所以用"牛"指代物，用"牛"指代一切。

现在，"牛"的意思还比喻性格执拗或倔强，如：牛劲；也有温顺、迟钝、笨拙、力气大的意思，如：笨牛，大牛；还比喻很强，如：牛人，牛气冲天。

字源字义

| 甲骨文 | 金文 | 小篆 | 楷体 | |

造字本义　牛：大型牲口。牛，也有"件"的意思；件，表示事理分析。

汉字家族

牲 本义：牛完全。从牛，生声。指（供祭祀用的）完整的牛。

牢 本义：闲，养牛马圈也。从牛，冬省。

半 本义：物中分也。从八，从牛。牛为物大，可以分也。

解 本义：判也。字形采用"刀"作偏旁，表示用刀解剖牛角。

牵 本义：引前也。从牛，象引牛之縻（mí）也，玄声。牵引着向前。

解 "解"字是一个会意字，左边是一个"角"字，右边头上是一把"刀"，右下是一个"牛"，合在一起的意思就是用刀解剖牛头，取下牛角，这个过程就叫"解"。根据本义，"解"的意思引申为"解析、分开、理解"等。

牵 "牵"字是一个会意字。绳索穿过牛的鼻孔，这就是"牵"的本义。古时候，牛是一家人重要的财产，为了避免牛跑掉，所以要把牛看管好。牛是一种高大的动物，鼻孔也非常大，绳索可以轻松穿过，直到今天，人们仍然用这种方法给牛系绳子。

庖丁解牛

战国时期，梁国有一个名叫庖丁的厨师，专门负责替文惠君宰牛。他宰好了一头牛，在解剖的时候非常熟练。手所接触的地方，肩所靠着的地方，脚所踩着的地方，膝所顶着的地方，都发出皮骨相离声，刀子刺进去时响声更大，全部都像音乐一样动听，合乎《桑林》舞乐的节拍，又合乎《经首》乐曲的节奏。

站在一旁的文惠君不觉看呆了，他禁不住高声赞叹："真了不起！你宰牛的技术怎么会这么高超呢？"

庖丁放下刀子回答说："臣下喜欢探究事物的规律。我刚开始宰牛的时候，看见的都是完整的牛；三年之后，我对牛的每个结构都了如指掌；到了现在，我宰牛的时候，只需要用心神去接触牛。我手中的这把刀，已经用了十九年，但刀刃却仍像刚磨过的一样。每当碰上筋骨交错聚集的地方，我就会特别谨慎，小心翼翼，动作放慢，刀子轻轻地动一下，'哗啦'一声牛的骨肉便被分解开了，就像一堆泥土散落在地上一样。"

文惠君听了庖丁的这一席话，连连点头，似有所悟。

庖丁为文惠君解牛，手之所触，肩之所倚，足之所履（lǚ），膝之所踦（jī），砉（xū）然向然，奏刀騞（huō）然，莫不中音。合于《桑林》之舞，乃中《经首》之会。

文惠君曰："嘻，善哉！技盖至此乎？"

——选自庄周《庄子·养生主》

汉字行走

诗经·国风·王风·君子于役

君子于役，不知其期，曷（hé）至哉？

鸡栖于埘（shí），日之夕矣，羊牛下来。

君子于役，如之何勿思？

君子于役，不日不月，曷其有佸（huó）？

鸡栖于桀，日之夕矣，羊牛下括。

君子于役，苟无饥渴！

　　"羊"字的甲骨文就像羊头的正面像，羊角、羊面、羊耳都清晰可见。

　　因为羊温顺好饲养，也被看成是"吉祥"的象征。《说文解字》说"羊"和"祥"是一样的意思。羊的品种很多，常见的有绵羊、黄羊、羚羊、山羊。人们称小羊为羊羔。绵羊的毛很茂密，剪下来纺线制作毛衣、毛毯。因为羊毛很软，制作成毛笔，称为"羊毫笔"，在画中国画时很多时候都要使用羊毫笔。羊的肠子很细小，所以称窄窄的小路为"羊肠小道"。作为温顺的食草动物，羊比一般的山兽更肥美，也更容易猎捕，所以羊成为远古祖先重要的肉食来源，也常被用于祭祀，并引申出吉利、吉祥的含义。

字源字义

甲骨文　　　　金文　　　　小篆　　　　楷体

造字本义　羊：两角弯曲、性情温顺的食草动物。古文常借"羊"为"祥"。

汉字家族

养　本义：牧养牲畜，后来指供养。

羔 本义：初生的小羊。上面是"羊"，下面的四点底表示
"火"，指用火烤羊，最美味的烤羊是用小羊肉，所以
"羔"指"小羊"。

羞 本义：是"馐"的本字，指美味的食物，也指进献。羊，
所进献的贡品。

美 本义：字形像一个人头戴羊角或羽毛之类的装饰物，打扮
十分美丽，引申为"甘美""赞美"。

善 本义：吉也。神态安详，言语亲和，看起来十分美好。

趣味解字

羞　"羞"字中的"羊"表示的是宰杀后味道鲜美的羊，
小篆的"羞"字下部分是"手"，意思就是手举着羊进
献神灵。因为"羊"和"手"的一竖相连，下面部分的
"手"字就演变成了"丑"字。后来，因为"丑"的意思，
"羞"的意思也演变为"羞耻，惭愧"。人们另造了一个
字"馐（xiū）"来代替"羞"的本义。

善　甲骨文的"善"在"羊"下面画了一只眼睛，表示眼
神安详温和，也表示看起来十分美好，"慈眉善目"就是
指这个意思。金文则在"羊"下写了两个"言"，表示两
人用吉祥的话交谈，言语祥和亲切。羊的眼神在动物中属
于温顺平和的，用羊比喻善义十分恰当。

亡羊补牢

从前有个人养了几十只羊，白天放牧，晚上就把羊赶进一个用柴草和木桩等物围起来的羊圈内。

一天早晨，他准备去放羊，发现羊少了一只。原来羊圈破了个窟窿，夜间有狼从窟窿里钻了进来，把一只羊叼走了，邻居劝告他说："赶快把羊圈修一修，堵上那个窟窿吧。"他说："羊已经丢了，还去修羊圈干什么呢？"他没有接受邻居的好心劝告。

第二天早上，他发现又少了一只羊。原来狼又从窟窿里钻进羊圈，叼走了一只羊。这个人很后悔没有接受邻居的劝告。于是，他赶紧堵上那个窟窿，又从整体进行加固，把羊圈修得牢牢实实的。

从此，他的羊就再也没有被狼叼走过了。

庄辛至，襄王曰："寡人不能用先生之言，今事至于此，为之奈何？"庄辛对曰："臣闻鄙语曰：'见兔而顾犬，未为晚也；亡羊而补牢，未为迟也'。臣闻昔汤、武以百里昌，桀、纣以天下亡。今楚国虽小，绝长续短，犹以数千里，岂特百里哉？"

——选自《战国策》

敕勒歌

北朝民歌

敕勒川，阴山下。天似穹庐，笼盖四野。
天苍苍，野茫茫，风吹草低见牛羊。

　　甲骨文的"马"字是长脸、大眼、鬃毛飞扬、长尾有蹄的动物形象。有的甲骨文用大眼借代口、眼、耳构成的头部。

　　马勇武无比。古时候，马被人类驯化，用作驮畜和乘骑。人们使用马车远行，骑着马打仗。随着科技的发展，马在生活中作为交通工具的功能已经基本消失，只在一些边远山区还在使用，但这一点并不妨碍人们对马的喜爱，因为在马的身上，我们能感受到勤劳、勇猛、力量、速度、高贵等精神品质。例如，"马术"慢慢成了一项体育运动；在很多旅游景区，有体验骑马的休闲活动，很多游客也骑上马背，感受骑马的乐趣。

　　众马齐奔为"骉"，众人齐跑为"奔"，众犬齐跑为"猋"，众鸟齐息为"集"，众车齐发为"轟"。

字源字义

| 甲骨文 | 金文 | 小篆 | 楷体 |

　　造字本义　马：怒也；武也。像马头髦（máo）尾四足之形。是昂首怒目的动物，是勇武的动物。

汉字家族

駈 騶 驱　　本义：马驰也。从马，区声。

駕 驾　　本义：将马车的车軛（è）套在马脖子上。

馭 騶 驭　　本义：收住缰绳，勒住马匹停下来。

騇 駒 驹　　本义：初上缰绳的少壮马匹。

騿 騶 骤　　本义：万马齐奔。

闖 闯　　本义：马从马棚向外猛冲。

趣味解字

駕 驾　　人们抓住缰绳，一边喊"驾驾驾"，这个口令表示让马加速跑起来。在马字头上写个"加"字，既表示了读音，又表达了"驾"的意思。

馭 騶 驭　　人们骑着马到了目的地，要让马停下来啊，这时又要发什么口令呢？那就是"驭——"，一边喊"yu"，一边把缰绳勒紧，这样马就会很听话地停下来。为什么"驭"字里有"又"呢？"又"的本义是"手"，在这个字里表示抓住缰绳的手，因此"驭"是一个会意字。

"马虎"的由来

宋朝有位画家，有一次刚画好一只虎头，这时又有人请他画马，于是他不假思索，就在画好的虎头后面画上了马的身子，成为马身虎头的"马虎图"。这时，画家的大儿子问他："是马还是虎？"他说："是虎。"可是他的小儿子问他，他又说是马。后来大儿子去打猎，遇见一匹马，他误为是虎，将马射死，结果不得不给马主赔偿损失；小儿子在野外遇到一只虎，他误为是马，便跑上前去骑它，结果被虎吃掉了。

这位画家难过极了，愤然把"马虎图"放到火里烧了，并写了一首诗引以为戒："马虎图马虎图，似马又似虎。大儿依图射死马，小儿依图喂了虎。草堂焚烧马虎图，奉劝诸君莫学吾。"

汉字行走

观 猎

[唐]王维

风劲角弓鸣，将军猎渭城。草枯鹰眼疾，雪尽马蹄轻。

忽过新丰市，还归细柳营。回看射雕处，千里暮云平。

天净沙·秋思

[元]马致远

枯藤老树昏鸦，小桥流水人家，古道西风瘦马。

夕阳西下，断肠人在天涯。

 甲骨文的"犬"字像腹瘦尾长的动物，是一条狗的样子，狗头、耳朵、身子、四蹄、尾巴清晰可见。最初造字的意思是：狗，古人护家、狩猎的得力助手。甲骨文中"犬"（狗）与"豕"（猪）字形相似，细微区别在于尾的长短，"犬"字突出弯圈的长尾，长尾的为"犬"，短尾的为"豕"。《说文解字》说"犬"是悬蹄腾扑的狗，象形字。孔子说："看'犬'这个字，字形就像是在画狗。"

犬，从古至今是生活中很重要的家畜，据说动物中对主人最忠诚的就是犬了。人们饲养犬来做很多事，有的用来看家护院，叫"看门狗"；有的用来帮助放牧，叫"牧羊犬"；现代社会，人们还专门驯养可以帮助侦破案件的"警犬"。全世界犬的品种非常多，大约有1400多种。很多人把犬作为宠物来饲养，因为人们认为犬通人性，重感情，忠诚。

字源字义

甲骨文

金文

小篆

楷体

造字本义 犬：悬蹄腾扑的狗。

汉字家族

臭　本义：会意字。闻气味。是"嗅（xiù）"的本字。

突　本义：会意字。狗从狗洞里一下子窜出来。字形采用"犬"作偏旁，像犬在穴中。

默　本义：默，狗悄无声息地追逐人。字形采用"犬"作偏旁，"黑"作声旁。

伏　本义：会意字。伺机行猎。字形采用"人、犬"会意。

趣味解字

臭　　　"臭"字是一个会意字。本字读"xiù"，由"自"和"犬"组成。"自"的本义是"鼻子"，也是一个象形字，画的是一个鼻子的样子，指着自己的鼻子就表示自己了。"自"和"犬"合在一起就是狗用鼻子闻。"臭"的本义后来由"嗅"字代替，而"臭"的读音和字义都发生了变化，读"chòu"，意思是很难闻的气味。

默　　　"默"字是一个会意字。由"黑"和"犬"组成。《说文解字》说：默，狗悄无声息地追逐人。另一种有趣的解释："黑"是"墨"的省略，表示深黑色。"默"表示狗毛墨黑一团。夜色中，犬黑不吠，则无声无形，悄然靠近也无法发觉。两种解释都体现了"默"没有声音、悄无声息的意思。

一人得道，鸡犬升天

传说中国大地上有个仙人居住过的地方，那就是今浙江省台州市仙居县。相传宋朝时，永安县有一口水井，有一个名叫王温的酿酒师傅用这口井水酿成的酒又甜又香，人人爱喝。

一天，王温正在卖酒，忽从店外进来两个像乞丐一样，全身生了疥疮癣毒的人。王温问道："两位客官身子不舒服吗？"二人叹口气说："我们全身的疮又痛又痒，没钱医治，昨夜梦见一位仙翁，告诉我们说，如果喝一口这里泉水酿的酒或洗浴一番，就能治愈恶病。"

王温听后二话没说便舀了两碗酒递给他们，说："你们喝吧，不要钱。"二人接过酒一饮而尽后又说："我们喝下后舒畅多了，不过，仙翁说要是能在酒缸里洗浴身上的疮，就能痊愈……"王温听到这里感到为难，想了一会儿，咬一咬牙便点头答应下来。那二人在内室的酒缸里躺了半天，从屋里笑吟吟地走出来。王温一看，惊呆了，只见他们全身皮肤雪白光洁，成了英俊少年。

王温将此事告诉老婆说："可能是仙人试探我们吧？仙人洗过的酒，就是仙酒，我们全家都喝一杯，说不定能长生不老。"王温舀起四杯酒，递给家人喝下。顿时香透心肺，浑身轻松，双脚不觉飘飘悠悠离开地面，四人又笑又叫，互相扯衣角，不一会飞上天成了仙。王温家的狗、鸡舔了地上的几滴酒也一起升天了。

当时皇帝宋真宗知道后感到十分惊奇，下了一道圣旨将永安改名为仙居。

逢雪宿芙蓉山主人

[唐]刘长卿

日暮苍山远，天寒白屋贫。

柴门闻犬吠，风雪夜归人。

归园田居（节选）

[东晋]陶渊明

暧暧远人村，依依墟里烟。

狗吠深巷中，鸡鸣桑树颠。

发现甲骨文

在清朝光绪年间，有个叫王懿荣的古董商，他当时是最高学府国子监祭酒（相当于校长）。有一次他看见一味中药叫"龙骨"，上面刻着一些符号，仔细辨认，居然是一种看似文字的图案。于是他买下了药店里的所有龙骨，并把那些奇怪的图案画下来，经过长时间的研究，他确信这是一种文字。后来，人们找到了龙骨出土的地方——河南安阳小屯村。这些龙骨主要是龟甲或兽骨，所以考古学家给把刻在

甲骨文残片

上面的文字命名为"甲骨文"。它是殷商（距今约3600年）王室和族群占卜活动的记录，古人把有关于疾病、梦境、狩猎、天时等一些相关问题刻在龟板或兽骨上，然后用火来烘烤这些龟板和兽骨，龟板和兽骨受热产生裂缝，占卜者根据裂缝的形状和走向来判断所占之事的吉凶。"甲骨文"又称"卜辞、殷契、甲骨刻辞、龟板文、龟甲文字、龟甲兽骨文字"等。

第四单元 鸟 兽

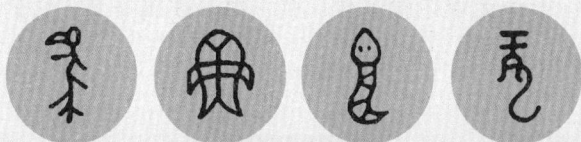

有虫鱼，有鸟兽。此动物，能飞走。
——《三字经》

鸟

甲骨文的"鸟"字像长尾飞禽，描画了飞禽的喙、羽、爪。有的甲骨文画出了全身的羽毛和羽冠。造字本义：长尾飞禽。

鸟是一种很轻灵美丽的小动物，就像一只只精灵，很多鸟儿有美丽的羽毛，有婉转的歌声，成群栖息。古典诗歌中描写了许多花鸟树木、鸟兽虫鱼。孔子在《论语》中说："小子！何莫学夫《诗》？……多识于鸟兽草木之名。"由此可以看出鸟兽草木多是古代诗人描写的对象。

有人分别统计过唐诗和宋词中涉及的鸟类，发现排名第一的是大雁。因为大雁常被世人形容为传递书信的使者，由大雁可以引发读者相思的愁苦。除大雁外，古诗文中还常见燕、鸦、鹤、杜鹃等鸟，它们分别代表不同的意象，可以引发人们不同的感受。

字源字义

甲骨文　　小篆　　楷体

造字本义　鸟：长尾飞禽总名也。

甲骨文　　金文　　小篆　　楷体

造字本义　隹（zhuī）：鸟之短尾总名也。象形。

岛　本义：海中往往有孤山让鸟儿可以依傍停歇，叫作"岛"。

鸣　本义：鸟的叫声。

集　本义：群鸟栖息在树木上，表示聚集、集合之义。

雀　本义：体形小巧的鸟。

雉　本义：需用箭猎取的野鸟，常指野鸡。

雠　本义：两只相对而立的鸟，常指彼此或配偶。

岛　　"岛"的字形是一只鸟站在山上。远古海岛常被可以长途飞翔的禽鸟所占据。由于缺乏陆地上的天敌，环境安宁，栖息在岛上的鸟儿繁殖迅速，往往形成"鸟岛"的盛况，祖先便将这些屹立在海中鸟类的栖息之地称为岛。

集　　甲骨文的"集"字，像一只鸟飞落在树枝上，表示栖息的意思。但鸟类栖息，大多成群结队，日出而行，日落而归，所以小篆的"集"字演变成三只鸟停在树上，表示聚集、集合之义。

47

精卫填海

炎帝有一个女儿叫女娃，十分乖巧，被炎帝视为掌上明珠。

一天，女娃独自驾着一只小船向东海太阳升起的地方划去，突然狂风大作，海浪把女娃的小船打翻了，女娃不幸落入海中，终被无情的大海吞没了。女娃死了，她的精魂化作了一只小鸟，花脑袋，白嘴壳，红脚爪，发出"精卫、精卫"的悲鸣，所以，人们便叫此鸟为"精卫"。

精卫痛恨无情的大海夺去了自己年轻的生命，她要报仇雪恨，想把大海填平。因此，她一刻不停地从她住的发鸠山上衔了石子、树枝，展翅高飞，一直飞到东海。她在波涛汹涌的海面上回翔，悲鸣着，把石子、树枝投下去。

她衔呀，扔呀，成年累月，往复飞翔，从不停息。

人们同情精卫，钦佩精卫，把它叫作"冤禽""誓鸟""志鸟""帝女雀"，并在东海边上修建台阁以示纪念，取名为"精卫誓水处"。

又北二百里，曰发鸠之山，其上多柘木，有鸟焉，其状如乌，文首，白喙，赤足，名曰"精卫"，其鸣自詨。是炎帝之少女，名曰女娃。女娃游于东海，溺而不返，故为精卫，常衔西山之木石，以堙于东海。漳水出焉，东流注于河。

——选自《山海经》

诗经·国风·周南·葛覃（节选）

葛之覃兮，施（yì）于中谷，维叶萋萋。

黄鸟于飞，集于灌木，其鸣喈（jiē）喈。

诗经·小雅·祈父之什·黄鸟（节选）

黄鸟黄鸟，无集于榖（gǔ），无啄我粟。

此邦之人，不我肯榖。言旋言归，复我邦族。

鱼

鱼的甲骨文像头、鳍、尾俱全的水中脊椎动物。

鱼成群生活在水里，具有强大的生殖能力，在母系氏族时代，人们最为盼望的就是繁衍，有强大生殖力的鱼自然成为人们喜爱的灵物。鱼的原始意象便和生殖、繁衍密切相关。因此"打鱼、钓鱼、烹鱼、食鱼"在早期文化中则是求爱的隐喻表达，"禽鸟衔鱼"则代表求婚或通婚的意思。鱼群给人的直观感觉就是"多"，还可寓意多子多孙、多福多禄等吉祥之意。后世"鱼"谐音"余"，所谓"年年有鱼（余）"，均来自鱼象征丰盛富足的意象。在《诗经·小雅·祈父之什·无羊》："牧人乃梦，众维鱼矣，旐（zhào）维旟（yú）矣。大人占之，众维鱼矣，实维丰年。旐维旟矣，室家溱（qín）溱。"牧人梦到众多的鱼，便预示着能有一个丰收年，而"室家溱溱"，是儿孙满堂的意思。

甲骨文　　　　金文　　　　小篆　　　　楷体

造字本义　鱼：水虫也。象形。鱼尾与燕尾相似。

鲜　本义：一种鱼的名称。

渔　本义：以钓、捞等方式从水中捕鱼。

鲦　本义：一种鱼的名称。

鳏　本义：一种鱼的名称。

鲜　　"鲜"字本义是虽死但仍然未腐、可以烹饪食用的鱼。羊，即"祥"，表示吉利的、平安的，合在一起表示虽死但仍未腐的鱼。在没有保鲜能力的远古时代，死鱼是最容易腐化的动物尸体，鲜鱼表示虽死但仍可食用的鱼。引申为"新鲜""美味""鲜明"等含义。

鳏鱝鳏　古代黄河中下游大型淡水鱼，已灭绝；不轻易咬钩，被捕获后会默默流泪。金文的"鳏"字下面是鱼，上面是一只眼睛，表示鱼目流泪。古人认为鳏鱼聪明警觉，多愁善感，因此称之为"鳏（gǎn）鱼"。

汉字故事

鲤鱼跳龙门

传说很早很早以前，龙门还未凿开，水流到这里被龙门山挡住了，在山南积聚成了一个大湖。

居住在黄河里的鲤鱼听说龙门风光好，都想去观光。它们来到龙门山脚下，但龙门山上没有水路，上不去。"我有个主意，咱们跳过这龙门山怎样？"一条大红鲤鱼对大家说。"那么高，怎么跳啊？"大红鲤鱼便自告奋勇地说："我先跳，试一试。"只见它从半里外就使出全身力量，像离弦的箭，纵身一跃，一下子跳到半空中，带动着空中的云和雨往前走。一团天火从身后追来，烧掉了它的尾巴。它忍着疼痛，继续朝前飞跃，终于越过龙门山，落到山南的湖水中，一眨眼就变成了一条巨龙。

山北的鲤鱼们一个个被吓得缩在一块，不敢再去冒这个险。这时，忽见天上降下一条巨龙说："不要怕，因为我跳过了龙门，就变成了龙，你们也要勇敢地跳呀！"鲤鱼们听了这些话，受到鼓舞，开始一个个挨着跳龙门山。可是大多数都跳不过去，凡是跳不过去，从空中摔下来的，额头上就落一个黑疤。后来，唐朝大诗人李白专门为此写了一首诗："黄河三尺鲤，本在孟津居，点额不成龙，归来伴凡鱼。"

龙门山，在河东界。禹凿山断门一里余。黄河自中流下，两岸不通车马……每岁季春，有黄鲤鱼自海及诸川，争来赴之。一岁中，登龙门者，不过七十二。初登龙门，即有云雨随之，天火自后烧其尾，乃化为龙矣。

——选自《太平广记》

汉字行走

兰溪棹歌

[唐] 戴叔伦

凉月如眉挂柳湾，越中山色镜中看。

兰溪三日桃花雨，半夜鲤鱼来上滩。

诗经·小雅·白华之什·南有嘉鱼（节选）

南有嘉鱼，烝（zhēng）然罩罩，君子有酒，嘉宾式燕以乐。

南有嘉鱼，烝然汕汕，君子有酒，嘉宾式燕以衎（kàn）。

虫

"虫""也"都是"蛇"的本字。甲骨文的"虫"字形是一条虫的样子，上端是尖尖的头，还有两只眼睛，下面是弯曲的虫身。后来"虫"指一般的虫类。小动物的微细差别，体现于它们有的能走动，有的长毛，有的寄生，有的披甲，有的披鳞，都以虫的特征为形象基础。所有与虫相关的字，都采用"虫"作偏旁。有脚的叫"虫"，没有脚的叫"豸"（zhì）。

《诗经》中的诗大都借助了不同的事物来表达诗人的情感，甚至在田野草丛中穿行的虫类也成了情感寄托的对象，如《诗经·国风·召南·草虫》：喓（yāo）喓草虫，趯（tì）趯阜螽（zhōng）。未见君子，忧心忡忡。《诗经》里"虫"字被广泛运用，对唐诗宋词也产生了一定的影响，《全唐诗》所收录的四万多首诗中，可找到大量对虫的引用，其中包括蚕、蟋蟀、蜘蛛、青蝇、蝉、萤火虫、蝗虫等。

字源字义

甲骨文　　金文　　小篆　　楷体

造字本义　虫：本义是蛇。字形像蛇趴卧的样子。"蛇"本义消失后，篆文再加"它"另造"蛇"代替。

汉字家族

蛇　本义：一种身体圆细而长、有鳞无爪的动物，贴着地面蜿蜒前行。

蛊　本义：古代人工培养的用于毒害他人的毒虫。

蚕　本义：一种能吐丝结茧的毛虫。楷书另造会意字，表示吐丝的蚕是天赐的"神虫"，表现造字者对蚕的感恩。

蜀 本义：蛾蝶类的幼虫。字形突出了幼虫的大眼睛和弯曲的身子。

秋 本义：天气转凉、蟋蟀鸣叫的季节。

趣味解字

蚕 　　蚕是一种能吐丝结茧的毛虫。甲骨文的"蚕"像蛾的幼虫。篆文的"蚕"另外用会意和形声的方法造出来，上部分的"朁"（cǎn），意思是发髻，下面的两条虫表示大量毛虫，整个字的意思是大量的虫丝如蓬松卷曲的发髻。到楷书字体时，又重新造字了，采用会意法造出"蚕"字，表示吐丝的蚕是天赐的"神虫"，表达对蚕的感恩。

蛛 　　"蛛"字的甲骨文，是一种有八只足、两条触角和毒牙的昆虫，有一个不分节的腹部，腹部上有几个吐丝器，能产生透明而有韧性的粘丝来结网以捕食其他昆虫。

汉字故事

囊萤映雪

　　晋代有个读书人叫车胤，因家境贫困，父亲没有多余的钱买灯油供他晚上读书。夏天的一个晚上，他正在院子里背诵一篇文章，忽然见许多萤火虫在低空中飞舞。一闪一闪的光点在黑暗中显得十分耀眼。他去找了一只白绢口袋，随即抓了几十只萤火虫放在里面。虽然不怎么明亮，但可勉强用来看书了。由于他勤学苦练，后来终于做了职位很高的官。

晋代还有一个读书人叫孙康，由于没钱买灯油，晚上不能看书，只能早早睡觉。一天半夜，孙康从睡梦中醒来，发现窗缝里透进一丝光亮。原来，那是大雪映出来的。于是他立即穿好衣服，拿着书来到屋外。宽阔的大地上映出的雪光，比屋里要亮多了。孙康不顾寒冷，立即看起书来，手脚冻僵了，就起身跑一跑，搓搓双手，继续读书。这种苦学的精神，促使他的学识突飞猛进，成为饱学之士。

胤恭勤不倦，博学多通。家贫，不常得油。夏月，则练囊盛数十萤火以照书，以夜继日焉。

——选自房玄龄《晋书·车胤传》

汉字行走

诗经·国风·召南·草虫（节选）

喓（yāo）喓草虫，趯（tì）趯阜（fù）螽（zhōng）。

未见君子，忧心忡忡。

亦既见止，亦既觏（gòu）止，我心则降。

龙

龙，鳞甲动物之王。甲骨文字形体现为一种头上长角，大口利齿的巨型爬行动物。传说龙能变暗，能变亮，能变细，能变大，能变短，能变长；春分时刻登天，秋分时刻潜渊。

龙历来是华夏民族最为推崇的动物形象，在中国受到无比尊崇。人们自古以来将龙供奉为神，很多时候认为龙是高于人类的神灵，在《本草纲目》中记述很详细："龙，其形有九：身似蛇，脸似马，角似鹿，眼似兔，耳似牛，腹似蜃，鳞似鲤，爪似鹰，掌似虎……"但龙并不是现实中可以看见的实物，而是通过各种想象汇总起来的一个神秘的动物形象。历来人们对它既充满崇拜敬重，又感到畏惧，于是产生了各种具有褒贬色彩的意象。慢慢地，"龙"这种威猛的动物成了中国先民的图腾，基本定性龙为瑞兽。

字源字义

甲骨文	金文	小篆	楷体

造字本义 龙：鳞甲动物之王。

汉字家族

聋 本义：没有听力。

本义：龙儿。

本义：给也。

聋　　"聋"字的本义为耳聋，是一个形声字。看"聋"字的甲骨文，左边是一只耳朵，右边是一条巨龙，为什么画一条巨龙呢？巨龙其实就是巨蟒，人们的经验知道了巨蟒是没有听力的，所以用它和耳朵放在一起表示耳朵没有听力，就是"聋"的意思。后来，"聋"还引申为愚昧、不明事理、是非不分的意思。

龚　　"龚"字的本义为给也，是"恭"的本字。甲骨文的字形像两只手向着一条龙高高举起，表示"供奉""恭敬"的意思。睡虎地秦墓出土的竹简上写得有"龚敬多让"。到了小篆时期，写成了"恭"的字形，保留了"恭敬"的含义。而"龚"字更多作为姓氏。

汉字故事

叶公好龙

子张去拜见鲁哀公，过了七天了鲁哀公仍不理他。

子张就叫仆人捎话给鲁哀公说："传说你喜欢人才，我们才冒着风雪尘沙，日夜兼程来拜见你。结果过了七天你都不理我，我觉得你所谓的喜欢人才倒是跟叶公喜欢龙差不多。据说以前有位叫叶公的人很喜欢龙，衣服上的带钩刻着龙，酒壶、酒杯上刻着龙，房檐屋栋上雕刻着龙的花纹图案。他这样爱龙，被天上的真龙知道后，便从天上降到叶公家里。龙头搭在窗台上探望，龙尾伸进了大厅。叶公一看是真龙，吓得转身就跑，好像掉了魂似的，脸色骤变，简直不能控制自己。叶公并非真的喜欢龙呀！他所喜欢的只不过是那些似龙非龙的东西罢了！现在我听说你喜欢人才，所以不远千里跑来拜见你，结果过了七天你都不理我，原来你不是喜欢人才，你所喜欢的只不过是那些似人才而非人才的人罢了。"

叶公子高好龙，钩以写龙，凿以写龙，屋室雕文以写龙。于是夫龙闻而下之，窥头于牖（yǒu），施（yì）尾于堂。叶公见之，弃而还（xuán）走，失其魂魄，五色无主。是叶公非好龙也，好夫似龙而非龙者也。

——选自《绎史》

汉字行走

诗经·国风·郑风·山有扶苏

山有扶苏，隰有荷华。不见子都，乃见狂且。
山有乔松，隰有游龙。不见子充，乃见狡童。

赠李侍御

[唐] 王昌龄

青冥孤云去，终当暮归山。
志士杖苦节，何时见龙颜。

商周金文

　　随着时间的推移，汉字在成长过程中慢慢变化着。"金文"指青铜器上铸刻的文字，因为周朝把铜也叫金，所以刻在铜器上的文字就叫作"金文"或"吉金文字"，也叫"钟鼎文"。最早的甲骨文随着殷的灭亡而消逝，金文代替了它，成为周代书体的主流。甲骨文笔道细，直笔多，转折处多。金文笔道肥粗，弯笔多，团块多，古朴厚重，生动逼真。青铜器上的金文主要内容大多是颂扬祖先及王侯们的功绩，或当时祀典、赐命、诏书、征战、围猎、盟约等活动的记录，以便传于后世子孙。毛公鼎铭文的字体结构严整，瘦劲流畅，布局不驰不急，行止得当，是金文作品中的佼佼者。

第五单元　草　木

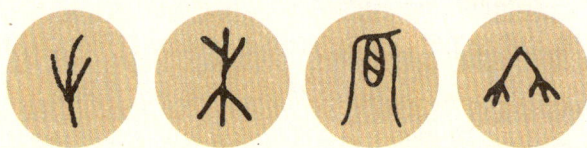

地所生，有草木，此植物，遍水陆。
——《三字经》

"屮"（chè）是"艸"（cǎo）的本字，而"艸"又是"草"的本字。"屮"字的甲骨文字形像刚破土萌发出两瓣叶子的嫩芽。"草"字是形声字，字形和最早的"屮"已经大不同了。而"艸"则更多用作了草字头"艹"。

除了日月星辰的变化让古人掌握时间的周期性外，草的枯荣更形象地展示了生命与时间的关系。草的生长状态、色泽变化总体上呈现出"一岁一枯荣"的状态。春夏草"荣"的时候，草生长茂盛，翠色欲滴，所以诗句中有"春草明年绿""青青河畔草"。秋冬草"枯"的时候，草色衰败枯黄，所以称秋冬的草为"衰草"。草的生命力极强，虽然细小柔弱但很容易生存，在人迹罕至的地方，草更是长得自由自在，密密麻麻，所以草又衍生出"荒凉"和"轻贱"的意思。草原的绵绵不绝，仿佛与远方的故乡连接在一起，还会引发思念之情。

字源字义

| 甲骨文 | 金文 | 小篆 | 楷体 |

造字本义　屮：艸木初生也。象形。

草：地面上生长的片状禾本科植物。

汉字文化

汉字家族

莫　本义：太阳落在草丛中，表示傍晚天快黑了。

齐　本义：所有种子同时破土萌芽。

华　本义：树木开花。

丰　本义：草势茂盛。

卉　本义：草的总称。

趣味解字

华　甲骨文的"华"像一棵树上满是花枝的样子。枝叶茂盛的植物有许多灿烂的亮点闪烁其间，那就是树开的花。有的篆文加"艸"（草），误定了"華"的草本属性，于是"華"的含义就发生了由"木"变"草"的大转变。所以，古书中的"华"是"花"，读音也是"花"，例如《诗经》中的"桃之夭夭，灼灼其华"。

汉字故事

结草报恩

春秋时，晋国有一个大夫叫魏武子。他有一个小妾，很受宠爱，但没有生过儿子。魏武子生了病，预感到自己活不长了，就交代了一些后事。在谈到这个爱妾时，他对儿子魏颗说："我死之后，你就让她改

62

嫁。"魏颗自然满口答应。后来，魏武子病危时，他又提起这位爱妾，并对魏颗说："我死后，让她为我殉葬。"

等到魏武子死后，魏颗并没有将那女子活埋殉葬，而是让她改嫁了。有人问他为何不按父亲临终遗言办时，他说："人在病重时神志不清，说话不应当算数，我应当遵从父亲清醒时的嘱托。"

后来，魏颗与秦国的军队作战，遇上了秦军著名将领杜回。形势非常危急，突然阵前出现了一位白发苍苍的老人，他抛出一条草编的绳子绊住杜回，让晋军将他活捉了，魏颗的军队获胜了。

夜里，魏颗梦见了那位白发老人，他对魏颗说："将军是否记得你曾将你父亲的一位小妾改嫁出门，救了她一条命。我就是那女子的父亲，今天抛出长绳绊住杜回是为了报答你的恩德。"

> 魏武子有嬖妾，无子。武子疾，命颗曰："必嫁是。"疾病，则曰："必以为殉。"及卒，颗嫁之，曰："疾病则乱，吾从其治也。"及辅氏之役，颗见老人结草以亢杜回，杜回踬（zhì）而颠，故获之。夜梦之曰："余，而所嫁妇人之父也。尔用先人之治命，余是以报。"
>
> ——选自左丘明《左传》

诗经·国风·郑风·野有蔓草

野有蔓草，零露溥（tuán）兮。有美一人，清扬婉兮。

邂逅相遇，适我愿兮。

野有蔓草，零露瀼（ráng）瀼。有美一人，婉如清扬。

邂逅相遇，与子偕臧。

　甲骨文的"木"字像上有枝干、下有树根的一棵树。两个木是"林"，三个木是"森"。

　　大自然的树木是古人喜欢吟咏的事物，人们根据树木的不同特征而赋予了不同含义。高山上的树木因山的高度显得高大挺拔，因此会联想到男子；低洼湿地处的植物因水的滋养更为柔美，人们便联想到女子。《诗经·国风·郑风·山有扶苏》有句子"山有扶苏，隰（xí）有荷华"。"扶苏"指枝叶茂盛的大树，诗中由山上高大挺拔的树联想到男子，由隰地盛开的荷花联想到女子，阳刚与阴柔相映生辉，极具审美意蕴。梧桐果实繁多，《诗经·小雅·白华之什·湛露》说："其桐其椅，其实离离。"由累累的果实联想到君子的德高望重。松枝傲骨峥嵘，柏树庄重肃穆，且四季长青，历严冬而不衰，且松柏是长寿之木，所以看到松柏常常会联想到昌盛、长寿和顽强。

字源字义

甲骨文

金文

小篆

楷体

造字本义　木：树，木本植物的统称。

未 末 本　本义：树的根部。

末 末 末　本义：树的顶部，树梢。

未 末 未　本义：夏季果树枝叶正茂，还没结果。

某 果 某　本义：酸果也。

楚 楚 楚　本义：丛生的树木，一种叫"荆"的丛生灌木。

桑 桑 桑　本义：蚕所食用的一种阔叶灌木。

楚 楚 楚　　　"楚"字的本义指丛生的树木，一种叫"荆"的丛生灌木。"楚"字的甲骨文中间的方形表示人们的聚居地，下边像脚丫的符号表示有人行走的足迹，这块地方四周被树林包围。战国七雄里面有个国家叫"楚国"，是不是因为楚地树木茂盛？楚国在南方江汉流域，山林极为常见，有用作薪柴等，都是人们日常生活中离不了的。于是远自商代时，北方中原人就以"荆楚"来称呼江汉流域的南方地区和南方部族。

守株待兔

宋国有一位农夫,每天在田地里劳动。

有一天,这位农夫正在地里干活,突然一只野兔从草丛中窜出来。野兔因见到有人而受了惊吓。它拼命地奔跑,不料一下子撞到农夫地里的一截树桩上折断脖子死了。农夫便放下手中的农活,走过去捡起死兔子,他非常庆幸自己的好运气。第二天,农夫干活就不像以往那么专心了,一会儿就朝草丛里瞄一瞄、听一听,希望再有一只兔子窜出来撞在树桩上,直到天黑也没见到有兔子出来,他很不甘心地回家了。第三天,农夫来到地边,已完全无心锄地。他把农具放在一边,可是又白白地等了一天。

后来,农夫再也没有等到兔子,农田里的庄稼却早已枯萎了。农夫因此成了宋国人耻笑的对象。

> 宋人有耕者,田中有株,兔走触株,折颈而死。因释其耒(lěi)而守株,冀复得兔,兔不可复得,而身为宋国笑。
>
> ——选自韩非《韩非子·五蠹(dù)》

汉字行走

感遇十二首(其一)

[唐]张九龄

兰叶春葳蕤,桂华秋皎洁。欣欣此生意,自尔为佳节。

谁知林栖者,闻风生相悦。草木有本心,何求美人折?

　　金文的"瓜"字形显然是在藤蔓之中长出一个椭圆形的瓜的样子。

汉代以前文献中提到的瓜，都是指甜瓜。如《豳（bīn）风·七月》："七月食瓜，八月断壶"，意思是七月是吃瓜的好季节。瓜与祭祖求福有联系，是因为瓜与葫芦一样，"葫芦"谐音"福禄"，具有新生、兴盛的含义，体现了人们祈求多子多福、世代绵长的愿望。《诗经·小雅·北山之什·信南山》："中田有庐，疆场（yì）有瓜。是剥是菹（zū），献之皇祖。曾孙寿考，受天之祜。"这是周王冬季祭祖祈福的乐歌，用以敬祭先祖，以求有福。在公庭大会之时，食瓜也很郑重其仪。《礼记·曲礼》里写道：为天子削瓜，要先去掉瓜皮，然后一析为四，又横切之，再用细葛为巾盖在瓜上面进献。

字源字义

金文　　小篆　　楷体

造字本义　瓜：藤蔓上结着一串葫芦科植物。

汉字家族

辧　瓣　本义：瓜中的肉瓤。

瓟　瓞　本义：小瓜。

瓣　瓣　本义：将一个瓜剖切多次形成的小片。

瓢　瓢　本义：将葫芦或瓜一剖为二，呈半圆形，做成舀水的工具。

汉字故事

瓜田李下

　　经过瓜田，不要弯下身来提鞋，免得被人家怀疑你摘瓜；走过李树下面，不要举起手来整理帽子，免得被人家怀疑你摘李子。比喻容易引起嫌疑的地方，或指比较容易引起嫌疑、让人误会、有理难辩的场合。古人强调正人君子要顾及言谈举止、风度礼仪，除此之外，还要主动避嫌，远离一些有争议的人和事，不做让人误会的事情。

　　君子防未然，不处嫌疑间，瓜田不纳履，李下不整冠。

　　　　　　　　　　　　　　　　——选自曹植《君子行》

汉字行走

黄台瓜辞

［唐］李贤

种瓜黄台下，瓜熟子离离。

一摘使瓜好，再摘使瓜稀。

三摘犹自可，摘绝抱蔓归。

竹

"竹"的甲骨文像两根细枝上垂下的六片叶子。本义是指温带或热带禾本科植物，空心，有结，长笋。

早期人类生活中，竹子与人类很亲密。《尔雅》曰："东南之美者，有会稽之竹箭焉。"认为竹是非常美丽的植物，对青竹有很多赞美之辞。竹不仅好看，还有很多用途。用竹可作乐器，许多传统的乐器如笛、箫、笙、筲（shāo）等都是用竹子所做。

竹子还有坚贞长翠的品性，在萧寒的冬天依然青翠。《孔子家语》曰："山南之竹，不搏自直；斩而为箭，射而达。"赞美竹子挺直、坚韧、通达，赋予竹高洁的品性。竹子四季翠绿，茂密丛生就如兄弟同心同德，敬爱有加，一派兴旺和乐的景象。《诗经·小雅·祈父之什·斯干》："如竹苞矣，如松茂矣，兄及弟矣，式相好矣，无相犹矣。"像竹子的丛生，像松树的茂盛，郁郁葱葱茂盛的景象含有家族兴旺发达、兄弟相亲相爱的美好祝愿，此诗以"竹苞松茂"比喻根基稳固，枝叶繁茂。

字源字义

甲骨文

金文

小篆

楷体

造字本义　竹：冬季生长的植物，空心，有结，长笋。

箇　个　本义：单枚的竹楔。

図　箕　其　本义：竹篾编织成的开口簸箕。

冊　冊　册　本义：用竹片或木片串成的书简。

箸　箸　箸　本义：吃饭时用来夹菜的筷子。

趣味解字

簡　简　　　"简"字的本义是编扎在一起的写字竹片。先民发现，耐潮耐温的竹片虽不如甲骨铜器牢固，但在竹片上书写很方便，就像人们说的"简单之至"，所以人们把能写字在上面的竹片称为"简"。再后来，人们发现，木片虽然不如竹片那么耐潮耐蚀，但在木片上书写更为方便，更轻巧，易于携带，于是就有了写在木片上的"札"和"牍"，曾经是非常流行的书写方法。古代的书籍中，用竹片书写的叫"简"，用木片书写的叫"札"或"牍"，很多"简"或"札"编缀在一起叫"册"。

箸　箸　箸　　　"箸"（zhù）字的本义是筷子。古人在宰杀牲口或祭祀的日子，将筷子插在煮熟的猪头或其他兽头上，表示敬请祖先和神灵享受他们虔诚的贡品。"箸"是"著"和"着"的本字。

胸有成竹

北宋时有一个著名的画家，名叫文同，他是当时画竹子的高手。

文同为了画好竹子，常年在竹子林里钻来钻去。有一回，天空刮起了一阵狂风，电闪雷鸣，一场暴雨就要来临，人们都纷纷往家跑。可坐在家里的文同却抓过一顶草帽，往头上一扣，急急忙忙往山上的竹子林里奔去。他撩起袍襟，爬上山坡，奔向竹林，没顾上抹一下脸上的雨水，就两眼一眨不眨地观察起竹子来了。只见竹子在风雨的吹打下，弯腰点头，摇来晃去。文同细心地把竹子受风雨吹打的姿态记在心头。

由于文同长年累月地对竹子作细微的观察和研究，所以画起竹子来，手起笔落，不同形态的竹子在他的画纸上很快地鲜活起来。有个名叫晁补之的人，称赞文同说，文同画竹，早已胸有成竹了。

竹之始生，一寸之萌耳，而节叶具焉。自蜩腹蛇蚹以至于剑拔十寻者，生而有之也。今画者乃节节而为之，叶叶而累之，岂复有竹乎？故画竹必先得成竹于胸中，执笔熟视，乃见其所欲画者，急起从之，振笔直遂，以追其所见，如兔起鹘落，少纵则逝矣。与可之教予如此。予不能然也，而心识其所以然。夫既心识其所以然，而不能然者，内外不一，心手不相应，不学之过也。故凡有见于中而操之不熟者，平居自视了然，而临事忽焉丧之，岂独竹乎？

——选自戴凯《竹谱》

诗经·小雅·祈父之什·斯干（节选）

秩秩斯干，幽幽南山。如竹苞矣，如松茂矣。

简帛文字

简牍是古代最流行的书写载体，竹片称"简"，木片称"札"或"牍"，稍宽的长方形木牍称为"方"。若干的简编缀在一起就成为"策"（册）。甲骨文"册"字就像竹简编缀之形。帛书指写在缣（jiān）帛上的文字。目前能见到的实物，最早的是战国（距今2000多年）时代长沙的楚帛书。

书写于竹帛的文字统称为简帛文字。简帛文字的特点在于，一是用毛笔书写的简帛墨迹最能反映不同时期汉字的历史形态；二是简牍作为古代常用的书写材料，使用范围广；三是简牍出现时代早，持续使用的历史久。

牍

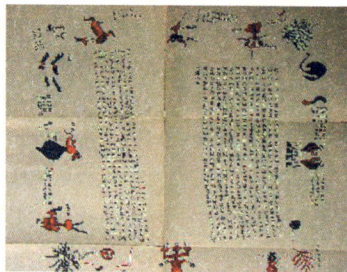

长沙子弹库楚帛书

第六单元 自 然

穹苍，苍天也。
春为苍天，夏为昊天，
秋为旻天，冬为上天。
——《尔雅》

　　"天"字是一个会意字。下面是个正面的人形（大），上面指的是人头，小篆变成一横。"天"是"颠"的本字，本义是指人的头顶。人们头顶上面就是天空，所以借以表示"天"。

　　远古时候，人们对天充满了敬畏，对天空的浩瀚无边产生好奇，也对一些自然天象无法理解。人们也根据气候的变化想象创造了一些神话故事，例如"盘古开天""女娲补天""夸父逐日"等。古人把天地未开、混沌阴阳之前状态称为太极，太极生两仪，就划出了阴阳，分出了天地。古人把众多星体组成的茫茫宇宙称为"天"，把立足其间赖以生存的田土称为"地"，由于日月等天体都是在周而复始、永无休止地运动，好似一个闭合的圆周无始无终。而大地却静悄悄地在那里承载着我们，恰如一个方形的物体静止稳定，于是产生了"天圆地方"的说法。

字源字义

甲骨文　　　金文　　　小篆　　　楷体

造字本义　天：颠也。至高无上，从一、大。

汉字家族

风　本义：来自天空、使鸟类得以飞翔的气流。

云　本义：云，是"雲"的古文写法，省去了"雨"。

气　本义：气，像流动的云气。象形字。

飘　本义：飘，回旋的风。

飙　本义：飙，扶摇直上穿天的风（飓风）。

趣味解字

"云"是"雲"的本字。云，甲骨文字形（二，天），表示气流在天上流动。"云"的本义是气团在天空飘浮。你看甲骨文和小篆的"云"，都有弯曲的线条，正和天上的云朵一样，云卷云舒，飘忽不定。

甲骨文字形与"三"相似。"一"代表混沌初始，"二"代表天地。在"二"之间加一横指符号，代表天地之间的气流。篆文加强了笔画的流动感，将"气"从指事字变成象形字。造字本义是易于在天地之间均匀扩散、飘逸的第三态物质，气流。飘逸、扩散的气流为"气"，短气为"乞"。

"乞"与"气"同源，后分化。"乞"把"气"减去一横，表示呼吸局促，意思是人"气短"。"乞"的本义是低声下气，开口向人索要、求讨。

盘古开天

天地玄黄，宇宙洪荒。

在非常非常久远的年代，天和地还没有分开。宇宙黑暗混沌一团，如同一个硕大的鸡蛋。人类的先祖——盘古，他在这个大"鸡蛋"中孕育着，成长着，酣睡着，一直睡了一万八千年。

突然有一天，盘古睡醒了，他不能忍受这与生俱来的黑暗、压抑和混沌的状态，他振臂挥舞，将束缚自己的"鸡蛋壳"上下一撑，只听见山崩地裂似的一声轰然巨响，"大鸡蛋"破裂开来。天地开始旋转起来，宇宙中所有轻盈而又清澈的气流逐渐上升，变成了飘在天空的云朵。那些沉重而混浊的东西逐渐向下沉积，变成了广袤的大地。

天高地远、辽阔空旷的新天地使得盘古体会到了前所未有的轻松愉快。盘古站在地上，用手托着天，以防止二者再度愈合在一起。盘古站在天地之间，天每升高一丈，地就向下加厚一丈，盘古的身子也跟着增长一丈。这样又过了一万八千年，天升得高极了，地变得厚极了，盘古的身子也长极了。巍峨的巨人就像一根柱子一样矗立在天地之间。

此时的盘古已是老态龙钟，有一天，盘古终于倒下来死去了。他口里呼出的气变成了清风和云朵，声音变成了轰隆的雷霆和霹雳，眼里的闪光变成了闪电，左眼变成了光芒四射的太阳，右眼变成了皎洁明亮的月亮，手脚变成天柱，血液变成江河湖海，肌肉变成了田地里的沃土，就连身上的汗水，也变为了雨露和甘霖……

天地浑沌如鸡子，盘古生在其中。万八千岁，天地开辟，阳清为天，阴浊为地。盘古在其中，一日九变，神于天，圣于地。天日高一丈，地日厚一丈，盘古日长一丈，如此万八千岁。天数极高，地数极深，盘古极长。后乃有三皇。数起于一，立于三，成于五，盛于七，处于九，故天去地九万里。

——选自《三五历纪》

汉字行走

诗经·小雅·彤弓之什·鹤鸣

鹤鸣于九皋，声闻于野。鱼潜在渊，或在于渚。

乐彼之园，爰有树檀，其下维择（tuò）。

它山之石，可以为错。

鹤鸣于九皋，声闻于天。鱼在于渚，或潜在渊。

乐彼之园，爰有树檀，其下维榖。

它山之石，可以攻玉。

水

祖先造"水"字，一种说法是中间弯曲蜿蜒的曲线表示水流，旁边的几点表示水滴和浪花。还有一种说法是甲骨文的"水"像峭壁上落下的液滴，中间弯曲的线条表示山岩。《说文解字》对水的解释是准也。北方之行。像众水并流，中有微阳之气也。以上三种解释你更喜欢哪一种呢?

　　水是大自然馈赠给人类的珍贵礼品。有了水,人类得以生存繁衍,有了水,大自然才那么生机盎然。在造字时代,水流的源头叫"泉",石壁上飞溅的山泉叫"水",由山泉汇成的水叫"涧",山涧在地面汇成的清流叫"溪",众多小溪汇成的水流叫"川",众多川流汇成的大川叫"河",最大的河叫"江"。

字源字义

甲骨文　　　金文　　　小篆　　　楷体

造字本义　水:准也。北方之行。像众水并流,中有微阳之气也。

汉字家族

 泉　本义:水源。像水从石洞流出汇成河川的样子。

川　本义:在千山万壑间贯穿流通的河。

州　本义:江河中央可以居住生活的岛叫"州",字形像河水环绕小岛,采用两个"川"会意。

沙　本义:水中细散的石粒。

溢　本义:器皿装满液体而流出来。

洒 本义：涤也。从水，西声。古文为洒埽字。

泉 　　泉是"原"的本字。甲骨文的"泉"像石洞里的涓涓细流。指出水的石洞，水流的源头。隶书把篆文字形中的石洞形状写成"白"。

溪 　　溪中的"奚"字既是声旁也是形旁，是"嗘"的省略，相当于拟声词"嘻"，就像溪水低细而清晰活泼的声音，模拟山沟清水在石壁、沙地上流淌时发出的"嘻嘻"声。小篆"溪"的右边是"谷"，指山岭间的狭长洼地。造字本义指山间石壁或沙床上"嘻嘻"流淌的水流。有的篆文用"水"代替"谷"，突出水流的含义。

大禹治水

　　大约在四千多年前，黄河流域洪水为患，尧命鲧负责治水工作。鲧采取"水来土挡"的策略治水，没有控制住泛滥的水流。鲧治水失败后由他的儿子禹担当治水大任。

　　禹在治水时发现龙门山口过于狭窄，难以通过汛期洪水，还发现黄河淤积，流水不畅。于是禹大刀阔斧，改"堵"为"疏"，疏通河道，拓宽峡口，让洪水能更快地通过。禹采用了"治水须顺水性，水性就下，导之入海。高处就凿通，低处就疏导"的治水思想，治水取得了很好的成效。大禹决定集中治水的人力，在群山中开道。艰苦的劳动，损坏了一件件石器、木器、骨器工具。人的损失就更大，有的被山石砸伤了，有的在悬崖边摔死了，有的被洪水卷走了。可是，他们仍然毫不动摇，坚持劈山不止。在这艰辛的日日夜夜里，大禹的脸晒黑了，人累瘦了，甚至连小腿肚子上的汗毛都被磨光了，脚指甲也因长期泡在水里而脱落，但他还是坚持着、指挥着。在他的带动下，治水进展神速，大山终于豁然展开，形成两壁对峙之势，洪水由此一泻千里，向下游流去，江河从此畅通。

禹伤先人父鲧功之不成受诛，乃劳身焦思，居外十三年，过家门不敢入，薄衣食，致孝于鬼神。卑宫室，致费于沟淢。陆行乘车，水行乘船，泥行乘橇，山行乘檋。左准绳，右规矩，载四时，以开九州，通九道，陂九泽，度九山。

——选自司马迁《史记·夏本纪》

汉字行走

诗经·国风·秦风·蒹葭

蒹葭苍苍，白露为霜。所谓伊人，在水一方。

溯洄从之，道阻且长。溯游从之，宛在水中央。

蒹葭萋萋，白露未晞。所谓伊人，在水之湄。

溯洄从之，道阻且跻。溯游从之，宛在水中坻。

蒹葭采采，白露未已。所谓伊人，在水之涘。

溯洄从之，道阻且右。溯游从之，宛在水中沚。

　　"雨"是象形字，甲骨文的"雨"在水帘之上加一横，是代表"上天"的指事符号，表示天空降水。有的甲骨文将一横写成（上），明确"上天"的含义。"雨"的本义是指天空降水。

　　下雨是一种自然现象，雨水滋润万物，树木、庄稼得以生长，人们对"雨"充满了敬畏之心。人们也根据天空云层或者风向的变化，对下雨的天气进行观察和预测。渐渐地，人们也掌握了一年四季的轮回变化，制定了中国的农历和二十四节气。在农耕时代，人们根据节气春耕秋收，顺应天时，在大地上劳作生活。"雨"很多时候是利万物的，但也给人类带来了一些灾难，历史上出现了许多暴雨引起的洪涝灾害，这样的灾害直到今天依然存在。但古诗文中，"雨"常常作为美丽的意象出现，因为"雨"给人们带来宁静、清凉、舒爽的感受。

字源字义

甲骨文

金文

小篆

雨
楷体

造字本义　雨：水从云层降下地面。

汉字家族

雲　電　电　本义：天空中阴阳能量激合而爆发的耀眼光带。

雷　本义：是天空中的阴阳能量相搏动，响雷、下雨、生物的气象。字形采用"雨字头"，畾象回转的形状。

雪　本义：凝结雨水而成，从天上飘落并带给天下万物喜悦的美丽冰晶。

霾　本义：风雨土也。

趣味解字

雷　　　"雷"字的甲骨文由两个像"田"一样的符号和中间一条弧形组成，中间的弧形表示闪电。天上打雷，声音响亮，有时还伴有刺眼的闪电，对这一自然现象，古人是十分惊惧的，他们想象那是天神在打仗，战车发出的轰隆巨响就是听到的雷声。"田"字形符号表示车轮，小篆的加上了"雨"字，表示打雷和下雨时常相伴相随，后来隶书简化了，把雨下面三个像"田"一样的符号简化成了一个"田"。

电　　　最初，人们根据雷电在天空中闪耀的一瞬间，创造了"电"字的甲骨文，就是一条曲线，仿佛在闪光的样子。后来，金文为了表示"雷电"与天气有关，在这个符号上加上了雨字头，最后简化时又去掉了雨字头。不管怎么变，"电"字都拖着那条长尾巴，保留了闪电的形象。

宋香足雨

古时候有个人叫宋玄白，身高七尺余，眉目端正，人长得白白胖胖，讲起话来言辞雅丽，身边的人都喜欢他。

玄白喜欢道术，夏天穿棉衣，冬天却穿单衫，睡在雪地上，在他身边半径丈余的范围内，只见有热气蒸腾，雪凝结不起来。他喜欢喝酒，每顿要吃五斤猪肉，用蒜泥蘸着吃。肉吃完，再喝上两斗酒。有人向他求一瓣蒜来吃，却没有蒜味，而有着奇特香味留在齿舌间。曾经吃过他的蒜瓣的人有不少，这些人终身没有病痛，都能活到八九十岁。

一次，他云游到越州地界，正遇当地大旱，老百姓纷纷用晒"巫尪（qiú）"（指鼻孔朝天的残疾人）到龙王爷前鼓乐祭祀的老法子求雨。十多天过去，却是越晒越厉害。玄白在当地的玄真观住下来，点起香，向上苍祝告。一夜间降下大雨，足够解除干旱，越州人都将他看成神，"宋香足雨"的美谈也不胫而走。

诗经·国风·郑风·风雨

风雨凄凄，鸡鸣喈喈。

既见君子，云胡不夷？

风雨潇潇，鸡鸣胶胶。

既见君子，云胡不瘳？

风雨如晦，鸡鸣不已。

既见君子，云胡不喜？

 "火"是象形字，甲骨文字形与"山"相似，像地面上的三股腾腾的火焰。"火"的本义是指物体燃烧时产生的光焰。在上下结构的汉字中作偏旁时，"火"被写成"四点底"。

起初，原始人吃够了火的苦头。大火烧毁了他们的家园，害得他们四处奔逃。有不少人甚至葬身火海。但是，坏事也能变成好事。一场大火过后，原始人找到许多烧死的野兽。他们毫不费力地填饱了肚子，还有了一个重大发现，烤熟的肉比生肉好吃得多。火能取暖，这是人们对火的又一个认识。这样，年纪大的人试着把火种引进山洞。他们慢慢懂得，把火种放到枯枝败叶上，会燃起更大的火。丢进去的柴越多，火烧得越旺。火堆使阴冷的洞穴又暖又亮。更使原始人惊喜的是，有了火，和人类抢洞穴的野兽也不敢闯进来了。人类就这样逐渐学会了用火取暖、照明、烧烤食物和驱赶野兽。

字源字义

甲骨文

金文

小篆

楷体

造字本义 火：物体燃烧时产生的光焰。

光　本义：光，明亮。字形采用"火"作偏旁，像火把在人的上方，光明的意思。

灰　本义：火焰熄灭后继续自燃的余烬。字形采用"火、又"会意。"又"，是"手"。火熄灭后，冷却的灰烬可以抓持。

黑　本义：火熏形成的颜色。

炙　本义：烤肉。字形采用"肉"作偏旁，像生肉放在火上。

汉字家族

趣味解字

然　"然"字是"燃"的本字。"然"的本义是将猎获的动物烤熟了吃。金文"月"指兽肉，"犬"代表狩猎，下面是"火"，合在一起就表示烧烤猎物。在远古时代，烤食是生存能力突破性的一大进步，所以"然"也表示"合理、正确"。当"然"的"烧烤兽肉"本义消失后，后人再加"火"另造"燃"代替，强调"烧火"含义。隶书将"火"写成"四点底"。

汉字故事

钻木取火

远古蛮荒时期，人们不知道有火。黑夜，四处一片漆黑，野兽的吼叫声此起彼伏，人们蜷缩在一起，又冷又怕。由于没有火，人们只能吃生的食物，所以经常生病，寿命也很短。

天上有个大神叫伏羲，他想让人们知道火的用处，于是山林中降下雷雨，雷电劈在树木上，树木燃烧起来，很快就变成了熊熊大火。人们惊恐地看着燃烧的树木。这时候有个年轻人勇敢地走到火边，兴奋地招呼大家："快来呀，一点不可怕，它给我们带来了光明和温暖！"人们又发现烧死的野兽发出了阵阵香味，赶紧分吃了烧过的野兽肉。人们感受到火的可贵，为了把火保留下来，每天都有人轮流守着火种，可是有一天，值守的一位年轻人睡着了，火燃尽了树枝，熄灭了。人们又重新陷入了黑暗和寒冷之中，痛苦极了。

大神伏羲来到那个年轻人的梦里，告诉他："在遥远的西方有个遂明国，那里有火种，你可以把火种取回来。"年轻人历尽艰辛来到了遂明国，发现遂木树上有几只大鸟正在啄虫，只要一啄，树上就闪出火花。他立刻用小树枝去钻大树枝，树枝上果然闪出火光，终于，树枝冒烟了，然后出火了。人们被这个年轻人的勇气和智慧折服，推举他做首领，并称他为"燧人"，也就是取火者的意思。

遂明国，不识四时昼夜，有火树名遂木，屈盘万顷。后世有圣人，游日月之外，至于其国，息此树下。有鸟若鸮，啄树则灿然火出。圣人感焉，因用小枝钻火，号燧人。

——选自《中国神话》

汉字行走

南柯子　丁酉清明

[宋]黄昇

天上传新火，人间试袷衣。定巢新燕觅香泥。不为绣帘朱户说相思。　侧帽吹飞絮，凭栏送落晖。粉痕销淡锦书稀。怕见山南山北子规啼。

小 篆

　　秦始皇统一中国之后，最重要的事就是统一文字，他推行"书同文，车同轨"和统一度量衡的政策，由宰相李斯负责，在秦国原来使用的大篆籀（zhòu）文的基础上，进行简化，取消其他六国的异体字，统一文字的书写形式。小篆字体优美，又因为笔画复杂，形式奇古，可以随意添加曲折，所以很适合刻制印章，尤其是需要防伪的官方印章，一直采用篆书，直到封建王朝覆灭。《峄（yì）山刻石》是秦篆（即小篆）的代表之作，为小篆鼻祖李斯所写。线条粗细一致，圆起圆收。字体端庄严谨，有实有虚，劲健有力。字的结构上紧下松，垂脚拉长，有居高临下的俨然之态，读者须仰视而观。

参考文献

徐中舒．甲骨文字典[M]．成都：四川辞书出版社，2014.1（2016.6重印）

许慎著 芳园主编．说文解字详解[M]．天津：天津人民出版社，2015.3

流沙河．白鱼解字[M]．北京：现代出版社，2014.1

熊国英．中国象形字大典[M]．天津古籍出版社，2012.1

陈政．字源谈趣[M]．北京：新世界出版社，2006.7

周振甫．诗经译注[M]．北京：中华书局，2010.3（2016.7重印）

左民安．细说汉字[M]．北京：九州出版社，2005.6重印

刘树屏．澄衷字课蒙学图说[M]．北京：团结出版社，2014.7

黄岳州．汉语词根辞典[M]．北京：华语教学出版社，2014.11

张永言．简明古汉语字典[M]．成都：四川人民出版社，1995.2第7次印刷

萧涤非等．唐诗鉴赏辞典[M]．上海：上海辞书出版社，2004.12重印

流沙河．正体字回家[M]．北京：新星出版社，2016.3

王本兴．甲骨文字典[M]．北京：北京工艺美术出版社，2014.1

王本兴．金文字典[M]．北京：北京工艺美术出版社，2016.1

书中字体图片来自 汉典网：http://www.zdic.net/

字源网：http://www.fanzi5.com/ziyuan/